THE littérature 2
7 exploitations littéraires de romans et d'albums

Le Tour du monde en 80 jours, Jules Verne (roman)

Le balai magique, Chris Van Allsburg (album)

Ruby tête haute, Irène Cohen Janca (album)

Robin des bois, Karine Tournade (roman)

Orphée, Yvan Pommaux (album)

Enquête au collège T3, PP-Cul-Vert détective privé, Jean-Philippe Arrou-Vignod (roman)

Tomek, la rivière à l'envers, Jean-Claude Mourlevat

Sylvie Hanot

Illustrations de Christine Hanot

The littérature 2, exploitations littéraires de romans et d'albums, cycle 3

Copyright © 2022 Sylvie Hanot et Christine Hanot

Tous droits réservés.

ISBN : 9798366467933

Sylvie & Christine Hanot remercient Alexandre Pinet pour ses idées, Elisa Pinet pour son dessin de la porte pour *Enquête au collège*, Alexis Allouis pour son regard critique, Marc Pinet pour son aide technique et Irène Hanot pour ses relectures.

Merci également aux enseignants-testeurs, tout particulièrement à Romane Bastard, Jade Grégot, Océane Hoareau, pour leurs retours, ainsi qu'aux élèves de cycle 3 pour leur enthousiasme et leurs belles productions.

The littérature 2, exploitations littéraires de romans et d'albums, cycle 3

TABLE DES MATIÈRES

Contenu de l'ouvrage et principes pédagogiques	5
Le tour du monde en 80 jours, présentation et organisation	11
Le tour du monde en 80 jours, fiches élèves	30
Le balai magique, présentation et organisation	58
Le balai magique, fiches élèves	64
Orphée et la morsure du serpent, présentation et organisation	70
Orphée et la morsure du serpent, fiches élèves	75
Robin des Bois, présentation et organisation	83
Robin des Bois, fiches élèves	92
Ruby tête haute, présentation et organisation	111
Ruby tête haute, fiches élèves	120
Enquête au collège tome 3, PP détective, présentation et organisation	131
Enquête au collège tome 3, PP détective, fiches élèves	139
Tomek, présentation et organisation	160
Tomek, fiches élèves	170
Lien du drive avec les corrections et lien de la playlist	192

Contenu de l'ouvrage et principes pédagogiques

Cet ouvrage *clé en main* contient les exploitations de **7 œuvres littéraires intégrales** sous forme de fiches à photocopier pour les élèves et de séquences détaillées pour l'enseignant.

Les fiches sont précédées d'une introduction expliquant le choix du livre par rapport aux programmes de cycle 3 et d'un tableau sur le déroulement des séances, pour l'enseignant. La durée des séances peut varier selon le public, **45mn est donc un temps donné à titre indicatif.**

Les œuvres choisies permettent de travailler sur différents genres littéraires. Le conte mythologique, le conte moderne, la fiction historique, la nouvelle policière, le roman d'aventures et le récit fantastique sont étudiés au travers d'un focus sur deux des thématiques définies par les programmes : **héros & héroïnes, la morale en question, se confronter au merveilleux ou à l'étrange, vivre des aventures, se découvrir et s'affirmer dans le rapport aux autres.**

Le travail en littérature repose ici sur la compréhension de textes afin de se les approprier. Les élèves étudient : **les personnages, les lieux, la structure du récit, les inférences, le lexique et la production d'écrits courts ; ils établissent également des connexions avec des œuvres littéraires ou artistiques, avec d'autres disciplines (croisements entre enseignements) ou avec des expériences personnelles vécues.** Les élèves s'entraînent aussi à écouter un texte lu, ceci afin de cibler les stratégies de compréhension, et ils participent à des débats oraux interprétatifs.

Roland Goigoux et Sylvie Cèbe citent 4 types de difficultés rencontrées par les élèves : les capacités inférentielles, l'aptitude à se faire une image mentale flexible et cohérente, le manque de vocabulaire et de connaissances encyclopédiques. Tout ceci est travaillé dans *The Littérature*, tout au long des séances, afin d'améliorer les compétences de lecteurs de vos élèves.

Les supports variés (albums, romans, bandes-annonces de livres, vidéos, diaporamas, écoutes de livres, etc) exposent aux élèves différentes formes de fréquentation des œuvres littéraires. Chaque étude contient des projets d'écriture courts.

Les corrigés des fiches-élèves sont mis gratuitement à disposition via un lien de téléchargement donné dans l'ouvrage.

En fin de livre, retrouvez le lien de la playlist Littérature, toute prête, et le lien du Drive avec les corrigés des fiches à télécharger ...

The littérature 2, exploitations littéraires de romans et d'albums, cycle 3

Contenu de l'ouvrage et principes pédagogiques

Œuvres littéraires étudiées

Romans : Le tour du monde en 80 jours de Jules Verne (version abrégée), Enquête au collège tome 3 de Jean-Philippe Arrou-Vignod, Robin des bois de Karine Tournade.

Albums : Le balai magique de Chris Van Allsburg, Ruby tête haute d'Irène Cohen Janca, Orphée et la morsure du serpent d'Yvan Pommaux.

La place de l'oral dans la compréhension en lecture

L'oral occupe une place centrale dans la compréhension en lecture. Il rend explicite les cheminements pour comprendre et les stratégies utilisées. Il n'y a qu'à cette condition que les élèves peuvent progresser en compréhension, ce qui n'est pas le cas lorsqu'on laisse les élèves seuls face à un questionnaire, même corrigé collectivement. Ils ont besoin d'entraînements en classe, d'échanges oraux et de stratégies pour décoder le récit (les inférences, les intentions des personnages, les ellipses, etc …)

The Littérature ne propose pas de questionnaires qui paraphrasent le texte. Les séances suscitent la réflexion des élèves sur des domaines précis et même lorsqu'il y a des questions, elles permettent une réflexion personnelle de l'élève en vue d'un débat interprétatif en classe, et cela lui est précisé : l'élève réfléchit et couche ses idées par écrit dans un but précis.

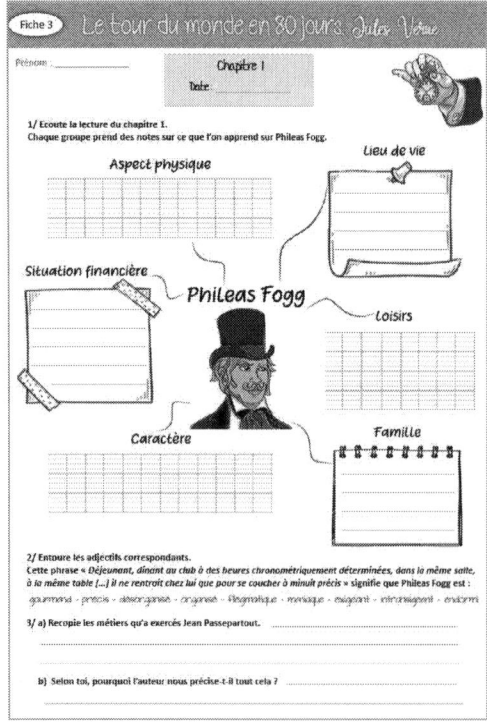
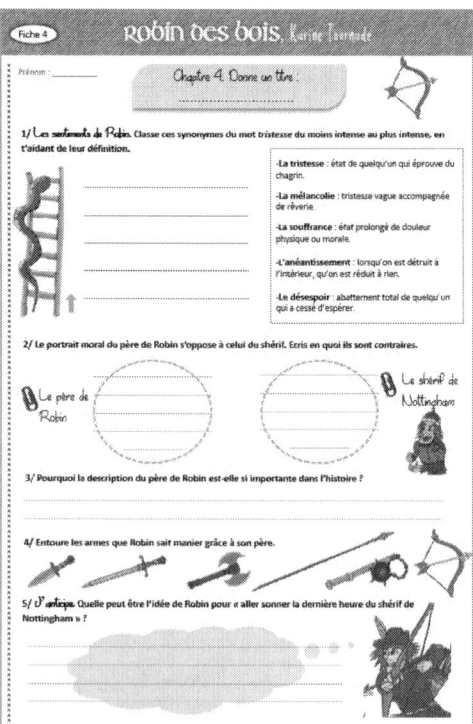

Contenu de l'ouvrage et principes pédagogiques

Les compétences travaillées et les attendus de CM

Langage oral

Écouter pour comprendre un texte lu.

- L'élève restitue l'essentiel d'un message ou d'un texte lu en répondant aux questions : Qui ? Quoi ? Quand ? Où ?
- Il dégage le thème du propos qu'il a entendu et le justifie avec des éléments qu'il a mémorisés.
- Il justifie sa réponse à partir d'éléments qu'il a mémorisés ou repérés.
- Il pose une question en lien avec ce qu'il n'a pas compris pour obtenir des précisions.

Lecture et compréhension de l'écrit

Comprendre un texte littéraire et se l'approprier

- L'élève répond à des questions en justifiant les réponses par une phrase du texte lorsque le texte le permet.
- Il identifie le narrateur, les personnages (dont le personnage principal).
- Il choisit un titre qui résume l'histoire.
- En se référant à des outils (cahier de littérature, manuels…), il identifie un genre littéraire grâce à des caractéristiques marquantes
- Il argumente sur la base de connaissances et/ou de lectures antérieures.
- Il formule des hypothèses d'interprétation en comparant avec des histoires connues.

Lecture à haute voix (lire avec fluidité) :

- Lors de sa prestation, l'élève ne bute pas sur les mots qui lui posaient difficulté durant le temps de préparation.
- Il lit sans hésitation des mots irréguliers comme corps, philosophique, physique, chœur…
- Il rythme la lecture à voix haute d'un texte en faisant vivre la ponctuation.

Écriture

Recourir à l'écriture pour réfléchir et pour apprendre

- En suivant un schéma donné, l'élève rédige une phrase pour justifier ses préférences pour un livre, une activité de classe.
- Il rédige un texte pour communiquer la démarche et le résultat d'une recherche personnelle ou collective.
- Il reformule par écrit 3 idées essentielles qu'il a retenues à la lecture d'un texte.

Rédiger des écrits variés

- L'élève résume une leçon à partir des notes qu'il a prises.

Prendre en compte les normes de l'écrit pour formuler, transcrire et réviser

- L'élève ponctue correctement son écrit.
- Après relecture, il propose des reprises anaphoriques pour supprimer les répétitions relevées.
- Il fait part à l'oral de commentaires constructifs sur le texte d'un camarade pour qu'il modifie/améliore son texte.

The littérature 2, exploitations littéraires de romans et d'albums, cycle 3

Contenu de l'ouvrage et principes pédagogiques

La différenciation

Cet ouvrage est fait pour des CM1 ou des CM2, ou pour des élèves de cours double CM1-CM2. Même dans un cours simple, certains élèves ont parfois besoin d'un étayage différent pour pouvoir être mis en situation de réussite et progresser. Dans l'ouvrage, des pistes de différenciation sont proposées, mais vous pouvez à tout moment en utiliser d'autres.

-**les outils** : lors d'une recherche, par exemple, on pourra mettre à disposition un extrait du livre photocopié pour surligner ou indiquer les numéros des pages où il faut chercher. En amont, en APC ou en ateliers, on peut lire un chapitre aux élèves et noter les idées essentielles ou les mots difficiles sous forme de mémo.

-**la quantité demandée** : lors de la prise de notes, par exemple, certains élèves focaliseront leur attention sur tel ou tel point, alors que d'autres pourront être en écoute active sur plusieurs items. Pour la production d'écrits, en plus de la phase orale qui permet de débloquer les situations d'écriture, on pourra noter au tableau des phrases-amorces ou des mots-clés pour les élèves les plus fragiles ou pratiquer la dictée à l'adulte. Pour les élèves dys, on peut donner la fiche corrigée comme trace écrite mais les faire travailler à l'oral.

-**le dessin à la place de l'écriture** : certains élèves seront plus à l'aise pour dessiner que pour écrire, c'est pourquoi parfois 2 types de fiches sont proposées pour la même séance, afin que vous ayez le choix.

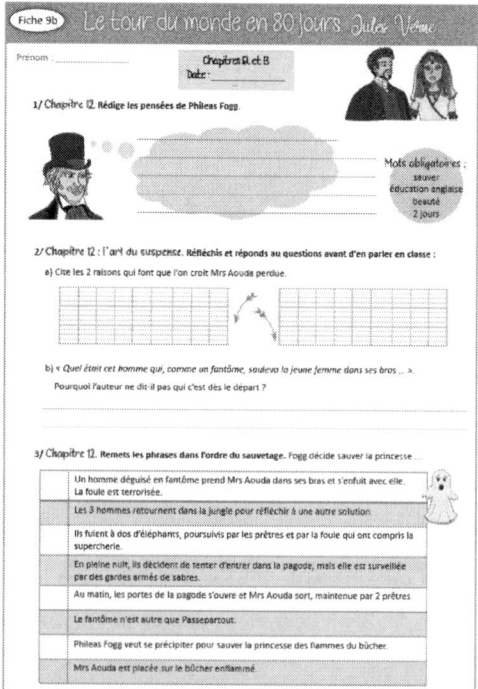

Contenu de l'ouvrage et principes pédagogiques

-**la lecture pas à pas** : stratégie définie par Marie-France Bishop, la lecture pas à pas permet de clarifier un passage, d'anticiper la suite grâce aux indices du récit ou de revenir en arrière pour expliquer quelque chose. A tout moment de la lecture, vous pouvez l'interrompre pour clarifier une inférence ou une situation.

-**différentes compétences visées** : parfois, 2 types de fiches sont proposées pour une même séance selon ce que vous souhaitez faire travailler à vos élèves en priorité (ex : les inférences plutôt que la production d'écrits).

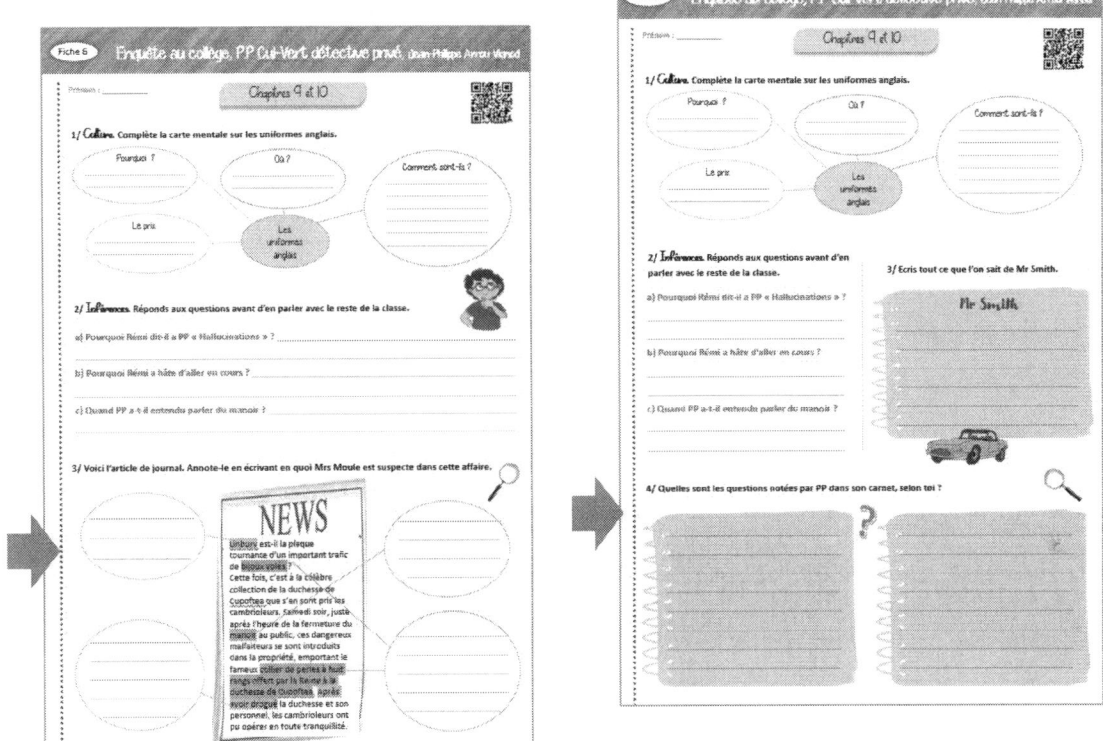

Faut-il un livre par élève ?

Il est toujours préférable d'avoir un livre par élève pour assurer la lecture suivie, afin de découvrir et de s'approprier l'objet-livre. C'est le cas pour les romans. *Robin des Bois* et *Le Tour du monde en 80 jours* sont à moins d'un euro chez *Lire c'est Partir*. *Tomek la rivière à l'envers* et *Enquête au collège T3* sont un peu plus chers. Quant aux albums, *Ruby tête haute*, *Orphée* et *Le balai magique*, un seul exemplaire suffit avec l'enseignant qui lit. Pensez à les prendre en taille « album » en non en version « poche » ou « mini ».

Contenu de l'ouvrage et principes pédagogiques

L'évaluation

-Les évaluations ne sont pas proposées dans l'ouvrage. Vous pouvez utiliser une grille d'observation, comme demandé dans les programmes, pour évaluer au quotidien les progrès des élèves pour les différentes compétences.

-Vous pouvez également proposer 2, 5 ou 6 illustrations du livre et demander de raconter à l'écrit pour vérifier la compréhension du récit entier. A l'inverse, une seule image pourra axer l'attention des élèves sur un moment-clé expliqué en classe, pour vérifier qu'il a bien été compris.

-Faire parler les personnages ou rédiger leurs pensées permet également de contrôler si les élèves ont compris leurs intentions et leurs actions.

-La création d'un jeu de plateau pour ou par les élèves permettra de vérifier une bonne compréhension après étude d'un ouvrage.

-Dans le groupe Facebook de *The Littérature*, les utilisateurs partagent leurs évaluations sur les différents ouvrages étudiés. N'hésitez pas à le consulter et à partager vos réalisations.

Dans nos méthodes *clé en main*, nous encourageons vivement l'autonomie et la créativité des enseignants en leur donnant des pistes et des idées.

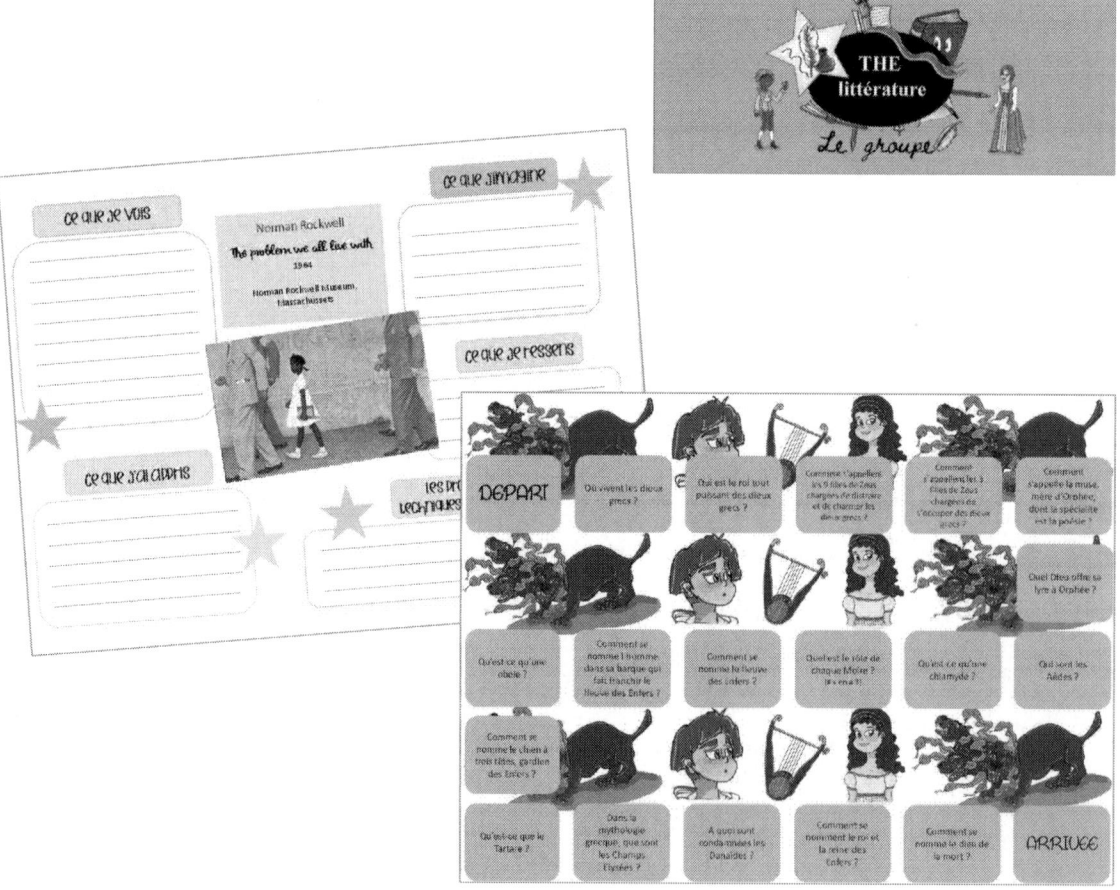

Le tour du monde en 80 jours. Jules Verne

Le Tour du monde en 80 jours fait partie de la série des romans d'aventures *Les voyages extraordinaires*. C'est le livre de Jules Verne qui s'est le plus vendu, qui a le plus été traduit et qui a été le plus adapté sur les écrans. Jules Verne n'ayant jamais effectué ce tour du monde, il s'est inspiré d'un article de journal qui ressemble à celui publié dans le roman, ainsi que du récit de voyage de l'américain Georges Francis Train, qui a réellement effectué un tour du monde en 80 jours, deux années avant la publication du roman. L'intérêt du récit réside dans la variété des péripéties, qui maintient le lecteur en haleine jusqu'au dénouement final, et dans le mystère qui entoure le héros, Phileas Fogg. Le nourrissage culturel est mis à l'honneur, compte tenu de la variété des continents traversés et de l'époque de la révolution industrielle, au programme d'Histoire du CM. A chaque rencontre d'un pays ou d'une ville, le lecteur en apprend davantage sur les coutumes et les paysages, ce qui contribue à la connaissance et au respect des autres. La fréquentation d'une œuvre classique est également exigée dans les programmes et quel auteur plus intemporel que Jules Verne pouvait-on choisir ? La version abrégée permet de rendre le texte accessible aux élèves de cycle 3. Toutefois, on pourra envisager de montrer quelques extraits de film, pour combler les blancs laissés par le texte écourté.

Focus sur :
-Vivre des aventures
-Héros et héroïnes

Dans cette séquence, l'étude du roman porte sur les personnages, le lexique, la production d'écrits courts et les inférences, mais aussi sur le nourrissage culturel avec tout un travail sur le langage oral et la compréhension basée sur des écoutes actives de vidéos documentaires. Les élèves seront amenés à prendre des notes et à compléter des cartes mentales pour garder trace des informations essentielles qui les éclaireront dans la compréhension du récit.

Le tour du monde en 80 jours. Jules Verne

Rappel. Lien de la playlist avec toutes les vidéos dans l'ordre :
https://tinyurl.com/242xjjzb

Projets

Un *lapbook* pour **garder trace des événements essentiels du récit** (résumé) et **des informations sur les pays visités**. Cela sert d'évaluation pour la compétence « lire un texte long ».

Un passeport à tamponner à chaque étape du voyage pour faire vivre l'aventure aux élèves et **pour les impliquer** dans la lecture et l'étude du roman.

Des cartes mentales sur chaque ville visitée lors du voyage, ou un point historique, à partir d'une courte capsule vidéo. **Travail sur le langage oral, compétence « écouter et comprendre »** avec prise de notes et restitution orale. Cet approfondissement participe au nourrissage culturel des élèves et à la compréhension du récit.

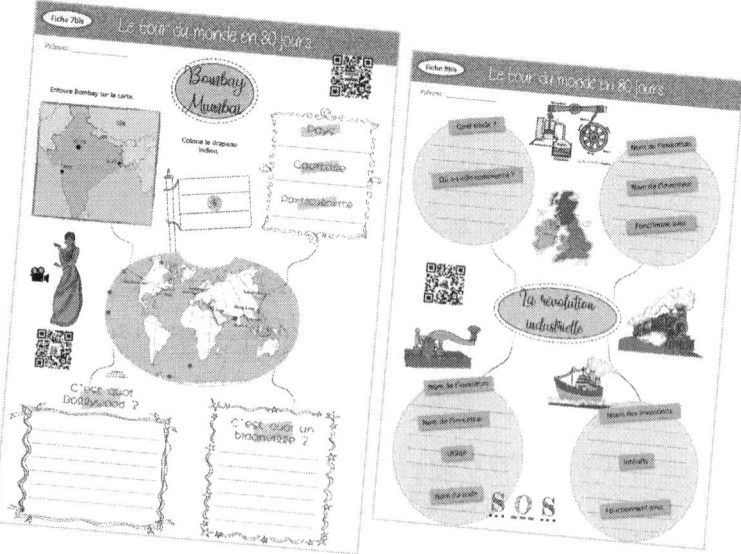

Le tour du monde en 80 jours. Jules Verne

	Etapes-clés du déroulement	Matériel, objectifs ciblés
Semaine 1	**1/ Langage oral / Ecouter et comprendre : Jules Verne.** -**Demander aux élèves s'ils connaissent Jules Verne et des titres de livres**. Citer « 20 000 lieues sous les mers, Voyage au centre de la Terre, L'Île mystérieuse, Cinq semaines en ballon, De la Terre à la lune ». Certains élèves ont peut-être vu la série « Le Tour du monde en 80 jours » diffusée à la télévision ou les films américains qui tiennent peu compte de l'œuvre originale. -**Echange oral** : qu'ont en commun les titres de ces livres de Jules Verne ? (**Le voyage**). Effectivement, Jules Verne est passionné de voyages mais il n'était pas parti pour voyager ,ni pour écrire ... et pourtant, il va devenir l'auteur le plus célèbre en France et dans le monde et il l'est encore aujourd'hui. -**Dire aux élèves qu'ils vont regarder une vidéo sur Jules Verne et répondre à un QCM** pour voir ce qu'ils ont compris et retenu. Attention : bien lire toutes les réponses. Le principe d'un QCM est de présenter des pièges. La vidéo de la fiche 1a est plus compliquée que celle de la fiche 1b, à vous de choisir. -**Faire lire silencieusement le QCM** pour avoir une idée des questions auxquelles il faudra trouver une réponse dans la vidéo. Le PE lit le QCM à haute voix pour les élèves en difficulté. Il y aura 2 visionnages : un pour bien se concentrer sur la vidéo et trouver déjà quelques réponses, sans répondre encore au QCM, et un autre pour chercher les informations manquantes (écoute plus sélective) et répondre au QCM sur fiche. Différenciation possible : travail en binôme, pour rassurer les élèves en difficulté et pour favoriser le conflit socio-cognitif. -**Lexique** : vidéo 1a, expliquer « avoué, armateurs, cécité ». Vidéo 1b, expliquer « Académie Française, agent de change ». -**Mise en commun** avec retours à la vidéo, si nécessaire, et correction collective. Faire une synthèse orale *à retenir*. -**Prolongement** : montrer l'autre vidéo pour compléter les connaissances sur Jules Verne. **2/ Bande-annonce du livre.** -Rappel de ce qui a été dit sur Jules Verne. -Dire aux élèves qu'ils vont regarder et écouter la bande-annonce du livre. Ils vont devoir **prendre des notes** sur différents domaines. Différenciation : soit vous proposez aux élèves de se positionner sur un ou plusieurs domaines, en fonction de leurs possibilités, soit vous les imposez à vos élèves. Certains élèves ne prendront des notes que sur un point (ex : **les personnages**), et les élèves plus à l'aise prendront des notes sur plusieurs (ex : **les lieux, la situation problème**). Vous pouvez leur distribuer un petit papier personnalisé avec les points où ils devront focaliser leur attention. C'est une écoute active qui leur est proposée. -**Proposer 3 visionnages** : un pour avoir une idée générale, sans prise de notes, un pour commencer à prendre des notes (écoute sélective) et un dernier pour compléter ses notes **(activité 1)**. -**Mise en commun** avec retours à la vidéo, si nécessaire. Compléter et corriger l'activité 1 sur la fiche. -**Production d'écrits** : réinvestir les notes prises, en réutilisant quelques-uns de ces mots (le plus possible) et écrire le scénario de l'histoire imaginé par chacun. -**Valorisation des productions** : lecture à la classe.	1/ Fiche 1a -Lien Youtube de la vidéo : https://tinyurl.com/2p9vmypx (niveau +) ou Fiche 1b -Lien Youtube de la vidéo : https://tinyurl.com/3av2wzev (plus simple) Ecoute active d'un documentaire, travail sur les informations essentielles, le langage oral, l'écoute active, la capacité de mémorisation, le lexique. Garder un affichage de classe avec le trajet prévu, le *timing* en jours et le moyen de transport, pour suivre le voyage prévu (drive). Devoirs : réécouter la vidéo et relire la fiche 1. 2/ Fiche 2 -Lien Youtube de la vidéo : https://tinyurl.com/ywrp5wev Travail sur la prise de notes, la compréhension d'un document oral, l'écoute active, la capacité de mémorisation, les personnages, les lieux, la situation-problème, la production d'écrits. Devoirs : réécouter la vidéo et relire la fiche 2.

Le tour du monde en 80 jours, Jules Verne

	Etapes-clés du déroulement	Matériel, objectifs ciblés
Semaine 2	**3/ Chapitre 1 : le héros.** -Rappel de ce que l'on connaît de l'histoire grâce aux prises de notes sur la bande-annonce. Bien distinguer les notes de ce qui a été imaginé dans le scénario de chaque élève. -**Lexique** : explication des mots *sédentaire, whist* (jeu de cartes), *charité, domestique.* Soit vous donnez les définitions avec trace écrite au tableau, pour mémoire, soit vous faites chercher les mots dans une séance de lexique décrochée, en amont. -**Le PE lit le chapitre 1 à haute voix,** afin que tous les élèves, même en difficulté en décodage, puissent accéder à la compréhension et la travailler. -Les élèves vont devoir **prendre des notes** sur le héros, Phileas Fogg. Différenciation : soit vous proposez aux élèves de se positionner sur un ou plusieurs points, en fonction de leurs possibilités, soit vous les imposez à vos élèves. Certains élèves ne prendront des notes que sur un point (ex : l'aspect physique), et les élèves plus à l'aise prendront des notes sur plusieurs (ex : les lieux, la famille, le caractère). Vous pouvez leur distribuer un petit papier personnalisé avec les points à écouter. Sachez que c'est « le caractère », « l'aspect physique » et « les loisirs » qui sont les plus difficiles car il y a des informations implicites et éparses. C'est une écoute active qui est proposée aux élèves. -**Mise en commun** avec notes du PE au tableau. Les élèves recopient et complètent leur prise de notes dans **l'activité 1**. -**Questions orales, inférences.** Que signifie l'expression « il possédait la carte du monde mieux que personne » ? (s'aider de la suite du texte, p. 6 de la collection *Lire c'est Partir*). Pourquoi l'ancien domestique de M. Fogg se fait-il renvoyer ? (parce qu'il n'a pas respecté la température de l'eau). Qu'en pensez-vous ? Pour quelle raison Passepartout veut-il entrer au service de M. Fogg ? (il est heureux de pouvoir devenir sédentaire, comme son maître). Penses-tu que c'est ce qui va lui arriver ? -**Activité 2** : chercher les adjectifs pour qualifier le caractère de Phileas Fogg avec la phrase « *Déjeunant, dînant au club à des heures chronométriquement déterminées, dans la même salle, à la même table […] il ne rentrait chez lui que pour se coucher à minuit précis* ». Faire chercher les mots inconnus dans le dictionnaire. **Mise en commun** et discussion sur les adjectifs choisis. On peut ajouter ces adjectifs à l'activité 1, partie « caractère ». -**Lecture sélective.** Les élèves reprennent la partie du texte de leur roman évoquant Passepartout (p.8 de l'édition *Lire c'est partir*). Ils vont devoir relever et recopier les métiers qu'il a faits dans **l'activité 3a**. -**Débat oral dans l'activité 3b** : pour quelle raison Jules Verne a-t-il précisé cela ? (amener les élèves à penser que les compétences de Passepartout vont peut-être lui servir dans cette aventure. Imaginer comment. D'ailleurs, son surnom vient du fait qu'il sait se tirer d'affaire). -Retrouver et noter la date + l'année en haut de la fiche 3.	3/ Fiche 3 -Roman, chapitre 1 -Dictionnaire Travail sur les personnages, le lexique, les inférences, la prise de notes, le débat oral interprétatif. Devoirs : relire le chapitre 1 et la fiche 3. Lire le ch.2

Le tour du monde en 80 jours. Jules Verne

	Etapes-clés du déroulement	Matériel, objectifs ciblés
Semaine 2	**4/ Chapitres 2 et 3 : le pari.** -Rappel de ce que l'on sait sur le héros et sur Passepartout. -**Lexique** : explication des mots *favoris, pommettes, force herculéenne, scalpe, paquebot, railroad, railway*. Soit vous donnez les définitions avec trace écrite au tableau, pour mémoire, soit vous faites chercher les mots dans une séance de lexique décrochée, en amont. -**Faire lire à haute voix le ch.2 par des élèves volontaires.** Ecoute active : prendre des notes sur le portrait physique de Phileas Fogg (1 groupe d'élèves) et sur Jean Passepartout (un autre groupe). Différenciation : donner une photocopie de la page pour pouvoir surligner. Mise en commun. Compléter collectivement **l'activité 1**. -**Activité 2a et 2b** : réponse aux questions individuellement, avec l'aide du livre et du ch.2. Mise en commun avec justification et retour au texte. -**Le PE lit le chapitre 3 à haute voix,** afin que tous les élèves, même en difficulté en décodage, puissent accéder à la compréhension du récit. Ecoute active : identifier tout ce que l'on sait d'un vol de banque. **Activité 2b** collectivement : repérer comment l'auteur s'y prend pour nous faire penser que Fogg peut être le voleur. Relire les pp 5-6 (Ed. *Lire c'est partir*). Ajouter que M. Fogg augmente le montant du pari, il a tellement d'argent ... Rédiger collectivement. -**Questions orales** : comment en arrive-t-on au pari ? (du vol de banque au pari). Qu'est-ce qui pousse Fogg à accepter le pari ? (son amour du jeu, quel qu'il soit). Expliquer ce que signifie que « la Terre a diminué ». Quels hommes font partie du *Reform Club* ? (« les sommités de l'Industrie et de la Finance). -**Activités 3 et 4** : à l'aide du livre, rechercher les informations et compléter. Différenciation : donner les numéros de pages, travailler en binôme. Mise en commun et noter les moyens de transport utilisés à l'époque. -Terminer par observer les dates de départ et d'arrivée, ainsi que le montant du pari. On pourra s'amuser à convertir en euros avec un convertisseur en ligne. **4bis/ Ecouter et comprendre : Londres. Nourrissage culturel.** -**Ecoute et lecture d'un documentaire sur Londres.** Dire aux élèves qu'ils vont découvrir un court document vidéo sur Londres, la ville telle qu'elle est actuellement, avec des images et du texte. Il faudra compléter la carte mentale en prenant des notes. Il y aura 2 écoutes : une pour avoir une idée générale du contenu et poser des questions, s'il y a une incompréhension ; une autre pour compléter la carte mentale. Si besoin, une 3ᵉ écoute pourra aider à compléter ses notes. Bien différencier Angleterre (avec son drapeau) et Royaume-Uni : voir la carte géographique sur la fiche. Différenciation : travail en binôme. -**Mise en commun** avec retour à la vidéo, afin de modifier ou de compléter sa carte mentale. On peut faire passer un binôme pour la restitution orale. Correction collective au tableau. -**Prolongement** : vous pouvez commencer un *lapbook* avec la mappemonde. Pour chaque pays traversé, on aura le drapeau, l'information à retenir concernant le voyage et quelques détails sur le pays. Voir un exemple de *lapbook* dans le drive.	4/ Fiche 4 -Roman, chapitres 2 et 3 -Dictionnaire Travail sur les personnages, le lexique, la prise de notes, les inférences, la lecture sélective, les informations essentielles. *Les clubs d'hommes riches sont nombreux en Angleterre.* *Garder un affichage de classe avec le trajet prévu, le timing en jours et le moyen de transport, pour suivre le voyage prévu. (Drive)* Devoirs : lire le ch.4 4bis/ Fiche 4bis avec la carte mentale de Londres. Lien de la vidéo Youtube : https://tinyurl.com/yc36jbja -Soutenir son attention en vue d'une restitution orale, adapter son écoute pour prélever des informations importantes, prendre des notes, dire ce que l'on n'a pas compris, prendre la parole en s'appuyant sur ses notes.

Le tour du monde en 80 jours. Jules Verne

	Etapes-clés du déroulement	Matériel, objectifs ciblés
Semaine 3	**5/ Chapitres 4 et 5 : le voyage commence.** -Rappel de l'épisode précédent. -**Lexique** : explication des mots *visa, cab, Scotland Yard, aléa, pari*. Les images des 2 premiers mots sont sur la fiche 5. -**Faire lire à haute voix le ch.4 par des élèves volontaires.** Ecoute active : noter où se rendent les personnages et comment. Mise en commun avec retour au texte. Rappel de la définition de *cab*. (Ils vont à la gare, pour se rendre au port de Douvres, puis en France puis à Paris. Fogg demande un billet 1ᵉ classe pour Paris p.22). Observer la mappemonde, dans le drive, tout au long du voyage. Compléter **l'activité 2d et 2e**. -**Questions orales (inférences)** : pourquoi l'auteur nous donne-t-il autant d'informations chiffrées ? (pour coller au personnage de Phileas Fogg qui ne vit qu'avec des heures précises, des pas comptés, des températures précises, etc …). **Les autres questions trouvent leur réponse dans les épisodes passés** (rétrospection). Pourquoi Passepartout est-il « surpris en voyant M. Fogg coupable d'inexactitude apparaître à ces heures insolites » ? (parce qu'il est méticuleusement à l'heure chaque fois et là il rentre plus tôt). Pourquoi Passepartout fait-il une grimace en entendant l'annonce du départ ? (parce qu'il voulait rester sédentaire et pensait que ce serait le cas avec son nouveau maître). Pourquoi ne partent-ils pas avec une malle ? La liasse de billets est faite de quoi ? (de bank-notes, comme dans le vol de la banque). Le train part à 8h45 précises ; M. Fogg avait déjà annoncé cette heure-là lors du pari, alors qu'il jouait aux cartes, qu'en penses-tu ? (il ne peut pas connaître les horaires de train par cœur, on dirait qu'il s'est déjà renseigné!). Laisser les élèves répondre seuls à **l'activité 2bc**. Mise en commun. -**Le PE lit le chapitre 5 à haute voix,** afin que tous les élèves, même en difficulté en décodage, puissent accéder à la compréhension du récit. Ecoute active : après écoute, noter sur la fiche les 2 raisons qui font que plus personne ne parie sur M. Fogg. Mise en commun avec retour au texte. Compléter **l'activité 2a**. -**Activité 1** collectivement, avec justification et retour au texte. -**Questions orales** : que signifie « l'honorable gentleman *disparut* pour faire place au voleur de bank-notes » ? Est-on certain que ce soit lui le voleur ? (parler de ce qu'est une *rumeur*). On pense que ce voyage autour du monde représente quoi ? (une fuite planifiée pour Fogg). -**Activité 3** : les substituts. Laisser les élèves travailler seuls. Correction collective. à l'aide du livre, rechercher les informations et compléter. -**Prolongements possibles** : on peut écouter un extrait du podcast sur la création de Scotland Yard. **Débat** : à la place de Passepartout, serais-tu parti(e) ? (Oui, c'est son travail de valet, conscience professionnelle / Non, car si son souhait est différent, il vaut mieux chercher quelqu'un d'autre). **EMC. Débat** : faut-il croire tout ce qui est dans les journaux ? (Le *Morning Chronicle* annonce que le voyage en 80 jours est possible « en théorie » mais il y a des choses non prises en compte, comme la météo et les horaires). C'est l'occasion de travailler sur la liberté de la presse en général.	5/ Fiche 5 -Roman, chapitres 4 et 5 -Mappemonde dans le drive. Travail sur les personnages, les substituts, le lexique, la prise de notes, les inférences, les informations essentielles. Garder un affichage de classe avec le trajet prévu, le timing en jours et le moyen de transport, pour suivre le voyage prévu (drive). Tamponner un visa à chaque pays/ville visité(e). Tampon Visa « *Approved* » disponible ici : https://amzn.to/3E7rcpK Lien Youtube du podcast sur Scotland Yard, à partir de 1'22 https://tinyurl.com/5xaz9528 La liberté de la presse : https://tinyurl.com/2ydsdrfv Devoirs : lire le ch.6.

The littérature 2, exploitations littéraires de romans et d'albums, cycle 3

Le tour du monde en 80 jours. Jules Verne

	Etapes-clés du déroulement	Matériel, objectifs ciblés
Semaine 3	**6/ Chapitres 6 et 7 : Fix.** -Rappel de l'épisode précédent. -**Lexique** : explication des mots *Brindisi* (situer sur la carte, en Italie), *un consulat, une prime*. Expliquer que le mandat d'arrêt émis depuis Londres ne peut être utilisé que dans les colonies anglaises. -**Faire lire à haute voix le ch.4 par des élèves volontaires.** Ecoute active : lire **l'activité 1** avec **les mots imposés**. Il s'agira de rédiger les pensées de Fix. -**Questions orales (inférences)** : qui est Fix, que veut-il faire, d'où vient-il ? (c'est un policier anglais qui veut arrêter M. Fogg car il pense qu'il est le voleur de la banque). Pourquoi est-il alléché par la prime? Pourquoi attend-il l'arrivée du *Mongolia* ? (parce qu'il y a Fogg à bord et qu'il veut le trouver, grâce à la description qu'il a). Pendant 4h, le *Mongolia* doit embarquer son charbon, pourquoi ? (c'est un bateau à vapeur qui marche avec une chaudière et du charbon). -**Combler les blancs** : que s'est-il passé entre l'arrivée au port de Douvres, Paris, Brindisi et Suez ? (les personnages ont continué leur voyage en bateau, en train, sur le *Mongolia*). S'aider de la mappemonde pour suivre le trajet : Douvres, Calais, Paris, Brindisi, Suez et le noter au tableau. -Faire **l'activité 2**, après relecture par le PE de la fin du ch. 6. -Faire **l'activité 3ab**, qui reprend les questions orales. -**Le PE lit le chapitre 7 à haute voix,** afin que tous les élèves, même en difficulté en décodage, puissent accéder à la compréhension du récit. Vérifier que le trajet supposé correspond : il y a une destination supplémentaire : Turin. -**Questions orales (inférences)** : pourquoi le Consul refuse-t-il d'arrêter le *Mongolia* plus longtemps pour Fix ? (on n'arrête pas un paquebot juste pour chercher un homme, d'autant qu'on n'est pas sûr que Fogg soit le coupable). -**Activité 3cd** : collectivement. **6bis/ Ecouter et comprendre : le canal de Suez. Nourrissage culturel.** -**Ecoute et lecture d'un documentaire sur Suez.** L'enseignant explique aux élèves, à l'aide des cartes de la fiche, que le canal a été creusé par les humains pour éviter de contourner l'Afrique. Montrer le premier canal creusé par les pharaons entre la Mer Rouge/ Le Nil / La Méditerranée. -Dire aux élèves qu'ils vont découvrir un court document vidéo sur l'histoire du canal de Suez, avec des images et du texte. Il faudra compléter la carte mentale en prenant des notes. Il y aura 2 écoutes : une pour avoir une idée générale du contenu et poser des questions, s'il y a une incompréhension ; une autre pour compléter la carte mentale. Si besoin, une 3e écoute pourra aider à compléter ses notes. Laisser les élèves lire les intitulés de la carte mentale pour avoir une écoute sélective. Différenciation : travail en binôme. -**Mise en commun** avec retour à la vidéo, afin de modifier ou de compléter sa carte mentale. On peut faire passer un binôme pour la restitution orale. Correction collective au tableau. -**Prolongement** : vous pouvez commencer **un *lapbook*** avec la mappemonde.	6/ Fiche 6 -Roman, chapitres 6 Travail sur les personnages, les substituts, le lexique, les inférences, les informations essentielles, la production d'écrits courts, la lecture à haute voix. 6bis/ Fiche 6bis avec la carte mentale de Suez. Lien de la vidéo : https://video.link/w/wp6Cd -Soutenir son attention en vue d'une restitution orale, adapter son écoute pour prélever des informations importantes, prendre des notes, dire ce que l'on n'a pas compris, prendre la parole en s'appuyant sur ses notes. Devoirs : lire le ch.8.

Le tour du monde en 80 jours, Jules Verne

	Etapes-clés du déroulement	Matériel, objectifs ciblés
Semaine 4	**7/ Chapitres 8 et 9.** -Rappel de l'épisode précédent, notamment des raisons qui font que Fix soupçonne M. Fogg du vol de la banque. -**Lexique** : explication des mots *bazar, excentrique, emplettes*. -**Faire lire à haute voix le ch.8 par des élèves volontaires.** Ecoute active : lire **l'activité 1** et chercher les informations que Passepartout livre à Fix qui confirment ses soupçons sur Phileas Fogg comme étant le voleur. (ils sont pressés, ils n'ont même pas pris le temps de prendre des bagages, comme des fugitifs / Passepartout ne croit pas à cette histoire de pari et dit que Fogg est parti avec des bank-notes toutes neuves). Les noter au tableau. Imaginer les pensées de Fix à l'oral puis laisser les élèves rédiger. Les mots obligatoires sécurisent les élèves et les guident. Différenciation : écrire en binôme. Rappel : pourquoi Fix pourra-t-il arrêter Fogg en Inde ? -**Explication des fuseaux horaires**, à partir de la carte dans le drive. Ce sera important pour comprendre la fin du récit. Est-ce que Fix a raison ? (non, il y a 1h de décalage entre l'Egypte et Londres, pas 2). -**Le PE lit le chapitre 8 à haute voix,** afin que tous les élèves, même en difficulté en décodage, puissent accéder à la compréhension du récit. Vérifier le trajet sur la mappemonde et situer Calcutta. -**Question orale (inférence)** : pourquoi Passepartout dit qu'il ne veut pas changer l'heure de sa montre et que c'est le soleil qui a tort ? (parce qu'il veut rester à l'heure précise de Londres imposée par Phileas Fogg, son maître. Les fuseaux horaires se calent sur le lever et le coucher du soleil, du coup la montre ne les respecte pas). Compléter **l'activité 2**. -**Activités 3 et 4 : production d'écrits**. Rappeler ce que sont les 5 sens. Compléter collectivement **l'activité 3**. Montrer une courte vidéo d'un bazar égyptien et imaginer les odeurs, les sensations et les bruits. Planification : constituer un réservoir de mots et des phrases-amorces pour aider les élèves à rédiger (ex : On voit … On sent … On entend ….). Faire **l'activité 4**. La fiche 7b a une contrainte en plus : écrire une carte postale. Différenciation : écrire en binôme, dictée à l'adulte, texte avec phrases-amorces. **7bis/ Ecouter et comprendre : Bombay / Mumbai.** Nourrissage culturel. -**Lexique** : expliquer *mégalopole, bidonville*. -**Ecoute et lecture d'un documentaire sur Mumbai.** L'enseignant explique aux élèves, à l'aide de la carte de la fiche, que Mumbai est le nouveau nom de Bombay. C'est le nom qui date de l'époque où l'Inde était une colonie anglaise et appartenait aux Anglais. Depuis que l'Inde est indépendante, elle a voulu rebaptiser la ville. -Dire aux élèves qu'ils vont découvrir un court document vidéo sur Bombay / Mumbai, avec des images et du texte. Il faudra compléter la carte mentale en prenant des notes. Il y aura 2 écoutes : une pour avoir une idée générale du contenu et poser des questions, s'il y a une incompréhension ; une autre pour compléter la carte mentale. Si besoin, une 3e écoute pourra aider à compléter ses notes.	7/ Fiche 7a ou 7b -Roman, chapitres 8 et 9 -carte des fuseaux horaires (drive) -Phrases-amorces pour la production d'écrits (drive) -Mappemonde (drive) Vidéo d'un bazar égyptien : https://video.link/w/CrpDd Travail sur les personnages, le lexique, les inférences, les informations essentielles, la lecture à haute voix, la production d'écrits courts. Devoirs : lire le ch.10. 7bis/ Fiche 7bis avec la carte mentale de Bombay. Lien de la vidéo : https://video.link/w/8gpDd Vidéo facultative sur les bidonvilles : https://video.link/w/SgpDd Lien de la vidéo Bollywood : https://video.link/w/WfpDd

Le tour du monde en 80 jours. Jules Verne

	Etapes-clés du déroulement	Matériel, objectifs ciblés
Semaine 4	Laisser les élèves lire les intitulés de la carte mentale pour avoir une écoute sélective. Différenciation : travail en binôme. -**Mise en commun** avec retour à la vidéo, afin de modifier ou de compléter sa carte mentale. On peut faire passer un binôme pour la restitution orale. Correction collective au tableau. -**Montrer la vidéo de Bollywood** pour avoir une idée de la musique, de la langue, des costumes, des films. -Facultatif : montrer le reportage sur les bidonvilles de Mumbai et les conditions de vie, mais aussi le recyclage permanent. -**Prolongements** : vous pouvez continuer le *lapbook* avec la mappemonde. -Faire sentir des épices typiques du Moyen Orient (cumin, coriandre, piment de Cayenne, dukkah, etc). 8/ Chapitres 10 et 11. -Rappel de l'épisode précédent. -**Lexique** : explication des mots *brigadier, circonférence, flegmatique, zébus, palanquin, Parsi*. -**Lecture du ch.10 par l'enseignant qui va mener une lecture pas à pas**. C'est un dispositif pensé par Marie-France Bishop où à chaque noeud de l'histoire, l'enseignant permet aux élèves d'accéder à la compréhension des inférences et à une représentation mentale cohérente du récit par une **clarification**, une **rétrospection** en s'appuyant sur ce qui s'est déjà passé, et une **anticipation** grâce aux éléments dont on dispose. Ici, l'écoute est active. -**Clarification** « *il ne voyageait pas, il décrivait une circonférence* ». *Voyager* signifie découvrir, s'intéresser, comme Sir Cromarty qui connaît les coutumes du pays. Fogg ne s'intéresse à rien, il ne pense qu'à gagner son pari et à avancer « mécaniquement ». D'ailleurs, il ne demande aucun renseignement à Cromarty. « *Circonférence* » est un mot mathématique : Fogg ne conçoit le voyage que par des calculs. Il n'a pas de carnet de voyage mais un carnet de calculs. A l'inverse, Cromarty pense que le pari, prétexte au voyage, est « *une excentricité sans but utile* ». -**Clarification** : « *cotonniers, caféiers, muscadiers, etc...* ». Si vous le pouvez, faites sentir les épices décrites (muscade, café, clous de girofle, poivre rouge) et montrer une fleur de coton. -**Rétrospection** : « *il filait à toute vapeur* ». Ils sont dans un train à vapeur (voir ligne 1 du chapitre). -**Clarification** : comment devient Passepartout ? (inquiet, il compte les jours comme Fogg, maintenant). -**Rétrospection** : pourquoi Cromarty corrige l'heure de Passepartout quand il affirme qu'il est 3h du matin ? (rappel des fuseaux horaires). -**Clarification** : pourquoi « *tout le monde descend* » ? (la voie de chemin de fer n'est pas achevée). -**Clarification** : pourquoi Cromarty s'énerve-t-il concernant les billets ? (parce qu'ils vendent des billets de Bombay à Calcutta mais le train n'arrive pas à Calcutta, il faut se débrouiller autrement pour y arriver).	-Soutenir son attention en vue d'une restitution orale, adapter son écoute pour prélever des informations importantes, prendre des notes, dire ce que l'on n'a pas compris, prendre la parole en s'appuyant sur ses notes. Devoirs : lire le ch.10. 8/ Fiche 8 -Roman, chapitres 10 et 11 -Gravure agrandie (drive) -Mappemonde (drive) Travail sur les personnages, le lexique, les inférences, la lecture pas à pas, les informations essentielles, la lecture à haute voix, la production d'écrits courts.

The littérature 2, exploitations littéraires de romans et d'albums, cycle 3

Le tour du monde en 80 jours. Jules Verne

	Etapes-clés du déroulement	Matériel, objectifs ciblés
Semaine 5	-**Clarification** : pourquoi Passepartout hésite-t-il à montrer l'éléphant comme moyen de transport ? (il a peur que son maître dise non, soit parce que ce n'est pas digne d'un gentleman, soit parce que ça ne va pas assez vite). -**Rétrospection** : pourquoi Fogg n'hésite-t-il pas à dépenser d'aussi grosses sommes ? (il est très riche et il veut gagner son pari à tout prix). -**Anticipation** : que va-t-il se passer selon toi ? (arrivée de Fix, autre obstacle à l'arrivée à Calcutta, retard pris, etc …). -**Activité 2** : observer la gravure sur la fiche et vérifier si la description de Jules Verne a été respectée. Où est Cromarty ? (de l'autre côté sur un cacolet). Cette gravure est celle de Léon Benett, qui a illustré l'édition originale du *Tour du Monde en 80 jours* de Jules Verne. -**Activité 1** : dessiner le paysage d'Inde (p. 42 ed. *Lire c'est partir*) pour se faire « le film dans sa tête ». -**Evaluation de la lecture pas à pas : activité 3**. Rédiger les pensées de M. Fogg avec les mots imposés qui guident les élèves parmi le flot d'informations. -**Lecture à haute voix par le PE du ch. 11**. Expliquer « *brahmane* » (prêtre hindou) et en quoi consiste cette cérémonie funèbre: lorsqu'un *rajah* (sorte de roi) mourait, son épouse devait mourir aussi, brûlée vive. La femme est-elle une hindoue ? (non, c'est une européenne, blanche, mais vêtue comme une hindoue, avec plein de bijoux). -**Anticipation** : comment Fogg va-t-il sauver la jeune femme ? **Activité 4**. S'entraîner d'abord à l'oral pour donner des idées. -**Prolongements** : continuer le *lapbook* avec la mappemonde. -Faire sentir des épices décrites (muscade, café, clous de girofle, poivre rouge, mais aussi cannelle, etc). -**Travail de lexique, en séance décrochée** : autour du mot « voyage », en référence à la phrase « *il ne voyageait pas, il décrivait une circonférence* ». Qu'est-ce que le voyage, pour vous ? a) Travail sur le champ lexical, en donnant plusieurs mots qui viennent à l'esprit (copier au tableau). b) Regrouper tous les mots sous des termes génériques (catégoriser). -**Montrer le dessin-animé** concernant l'épisode. Retrouver les points communs (Passepartout qui rêve de sa sédentarité, les éléphants qui lui rappellent quand il était gymnaste, etc …), identifier les personnages anthropomorphes. Noter les choses différentes (les personnages supplémentaires …) 8bis/ Ecouter et comprendre : La révolution industrielle. Nourrissage culturel. -**Ecoute du documentaire.** Dire aux élèves qu'ils vont découvrir un court document vidéo sur les progrès et les inventions de la Révolution Industrielle, comme le train à vapeur. Il faudra compléter la carte mentale en prenant des notes. Il y aura 2 écoutes : une pour avoir une idée générale du contenu et poser des questions, s'il y a une incompréhension ; une autre pour compléter la carte mentale. Laisser les élèves lire les intitulés de la carte mentale pour avoir une écoute sélective. -**Mise en commun** avec retour à la vidéo.	- Un travail tout prêt en lexique autour du mot « voyage » chez Stylo Rouge : https://tinyurl.com/4bbsv8xw -Extrait du dessin-animé : https://tinyurl.com/325fm3xp Devoirs : lire le ch.12 8bis/ Fiche 8bis avec la carte mentale. Lien de la vidéo : https://tinyurl.com/yeyuy5ta -Soutenir son attention, adapter son écoute pour prélever des informations importantes, prendre des notes, dire ce que l'on n'a pas compris.

Le tour du monde en 80 jours. Jules Verne

	Etapes-clés du déroulement	Matériel, objectifs ciblés
Semaine 5	**9/ Chapitres 12 et 13.** -Rappel de l'épisode précédent et des hypothèses. -**Lexique** : explication des mots *bourreau, pagode, supercherie*. -**Le PE lit le chapitre 12 à haute voix,** afin que tous les élèves, même en difficulté en décodage, puissent accéder à la compréhension du récit. Ecoute active : il faudra faire le film dans sa tête et retrouver les étapes du sauvetage de Mrs Aouda. -**Questions orales (inférences)** : pourquoi Fogg veut-il sauver cette princesse ? (il ne veut pas la voir brûler, elle est jolie, riche et bien éduquée). Se met-il en retard ? (non, il a 2 jours d'avance). -**Nommer les étapes** : travail en collectif. Faire une phrase par étape. Nommer la première : Fogg décide de sauver Mrs Aouda. Mise en commun. Arriver par exemple à ceci : -en pleine nuit, tentative d'entrer dans la pagode. -impossible : elle est gardée par des gardes armés de sabres. -repli dans la jungle pour réfléchir -la matin : les portes de la pagode s'ouvrent, Mrs Aouda tente d'échapper aux 2 prêtres qui la tiennent. -on met le feu au bûcher, Mrs Aouda est étendue évanouie. -Fogg veut se précipiter pour la sauver mais est retenu par Passepartout et Cromarty. -un homme déguisé en fantôme vient chercher Mrs Aouda sur le bûcher et terrorise tout le monde. -c'est Passepartout. -Ils fuient vite en éléphant car les hindous s'aperçoivent de la supercherie et leur tirent des flèches dessus. -**Activité 1 fiche 9a : plan de récit.** Les élèves dessinent les étapes du récit en vue de les raconter, avec les dessins comme appui. Le plan de récit permet de reformuler l'essentiel du récit, chronologiquement, tout en expliquant les intentions des personnages, les obstacles et les actions. On peut faire visionner l'extrait de film avant de lancer les élèves. **Pour la fiche 9b**, répondre aux questions et remettre les étapes dans l'ordre. Dans ce cas, les compétences orales ne sont pas traitées. -**Mise en commun**. Lorsque le travail est terminé, laisser des groupes d'élèves présenter leur travail OU présenter le travail à d'autres binômes qui évalueront ainsi le travail de leurs camarades : -les étapes ont été respectées, -les dessins sont clairs, -l'épisode a été raconté sans oubli et sans erreur, -les élèves ont articulé pour bien se faire comprendre. -**Le PE lit le chapitre 13 à haute voix.** **Questions orales (inférences)** : pourquoi Fogg dit-il seulement « c'est bien » à Passepartout ? (soit il trouve cela normal car c'est un domestique, soit il est jaloux car il ne l'a pas sauvée lui-même). Où sont-ils ? (dans le train, la voie ferrée reprend). Quelle sera la prochaine destination ? (Hong Kong, en Chine. Situer sur le planisphère). Fogg a-t-il toujours de l'avance ? (Non, ni retard, ni avance). Anticiper : M. Fogg va sûrement tomber amoureux de la princesse ….	9/ Fiche 9a ou 9b -Roman, chapitres 12 et 13 -Mappemonde (drive) Travail sur le rappel de récit, les inférences, les informations essentielles, le langage oral (parler en tenant compte de son auditoire). -Extrait du film : https://video.link/w/GaPDd Devoirs : lire le ch.14

Le tour du monde en 80 jours. Jules Verne

	Etapes-clés du déroulement	Matériel, objectifs ciblés
Semaine 5	**10/ Chapitres 14 et 15.** -Rappel de l'épisode précédent. -**Lexique** : explication des mots *steamer, stratège, bourrasque*. -**Lecture à haute voix du ch.14 par des élèves volontaires.** **Ecoute active** : lire les activités 2 et 3 pour rechercher ces informations. Après lecture, faire seul les **activités 2 et 3**. Mise en commun avec justification. -Laisser réfléchir les élèves à **l'activité 1** et compléter. Mise en commun. Insister sur le fait que Hong Kong doit avoir un lien avec l'Angleterre, sinon Fix ne pourrait pas arrêter Fogg. La réponse à la question b) se trouve p.60 de l'édition *Lire c'est partir*. Situer Hong Kong sur la mappemonde. -**Questions orales (inférences)** : Fix n'a pas eu de malaise. Qu'a-t-il fait en réalité ? (il a cherché à obtenir un mandat d'arrêt pour Hong Kong). Pourquoi Fix veut-il retarder le départ de Fogg ? (pour avoir le temps de recevoir le mandat et l'arrêter). Fogg semble-t-il avoir des sentiments pour Mrs Aouda ? (non, « il l'écoutait avec la plus extrême froideur »). -**Le PE lit le chapitre 15 à haute voix.** Ecoute active : lire l'activité 4 afin de rechercher ces informations lors de l'écoute. Laisser les élèves compléter seuls **l'activité 4**, avec leur livre, puis mise en commun. Différenciation : on peut le faire en collectif, en recherchant ensemble les indices. **Questions orales (inférences)** : Fix voulait retarder le départ de Fogg, en a-t-il besoin ? (non, la météo s'en charge). Que signifie « cet homme sans nerfs » ? (Fogg ne montre pas ses émotions, il est flegmatique et sûr de lui). Comment se nomme le bateau qui partira de Yokohama au Japon ? (le Carnatic). Combien de temps aurait-il fallu attendre si Fogg l'avait manqué ? (8 jours). Que va faire Mrs Aouda, puisqu'elle n'a plus de parent à Hong Kong ? (continuer le voyage avec Fogg). Situer Yokohama sur la mappemonde. **Prolongement** : lire de manière expressive et/ou jouer la scène entre Fix, qui fait semblant de rien, et Passepartout, naïf. **11/ Chapitres 16 et 17.** -Rappel de l'épisode précédent, notamment l'histoire du mandat d'arrêt qu'attend Fix, Hong Kong étant le dernier endroit où il peut l'arrêter. -**Lexique** : explication des mots *porto, enivrer, ivresse, faire escale, tonneau* (unité de mesure pour un bateau afin de déterminer sa charge). -**Lecture à haute voix du ch.16 par des élèves volontaires.** Faire remarquer que les hypothèses de la fois précédente se confirment dès le début du chapitre : Hong Kong était bien rattachée à l'Angleterre. **Ecoute active** : lire l'activité 1 pour rechercher ces informations.	10/ Fiche 10 -Roman, chapitres 14 et 15 -Mappemonde (drive) Travail sur les inférences, les informations essentielles, la chronologie du récit, les personnages, le lexique. Devoirs : lire le ch.16 11/ Fiche 11 -Roman, chapitres 16 et 17 -Mappemonde (drive) Travail sur les inférences, les informations essentielles, la chronologie du récit, les personnages, le lexique.

The littérature 2, exploitations littéraires de romans et d'albums, cycle 3

Le tour du monde en 80 jours. Jules Verne

	Etapes-clés du déroulement	Matériel, objectifs ciblés
Semaine 5	-Après lecture, faire seul **l'activité 1**. Mise en commun avec justifications et retour au texte. -Proposer une lecture expressive ou de jouer la scène entre Passepartout qui, ivre, défend son maître et Fix qui l'encourage à boire pour ne pas qu'il répète tout à Fogg. -**Le PE lit le chapitre 17 à haute voix.** Ecoute active : chercher quels sont les 2 nouveaux obstacles qui retardent Fogg. Laisser les élèves compléter seuls **l'activité 2**, avec leur livre, puis mise en commun. -**Questions orales (inférences)** : « les rues de la ville anglaise », laquelle ? (Hong Kong). De quoi peut avoir besoin Mrs Aouda ? Fogg semble-t-il amoureux de Mrs Aouda, cette fois ? (toujours pas, il s'occupe d'elle au minimum, il lit le journal). Et Mrs Aouda ? (oui, elle dit qu'avec lui, elle n'aura pas peur de faire la traversée). Pourquoi Fix se réjouit-il que Fogg doive attendre 8 jours pour le prochain bateau ? (car le mandat d'arrêt a le temps d'arriver). Pourquoi le pilote appelle Fogg « *Votre Honneur* » ? (parce que c'est un noble anglais). -Bien vérifier la compréhension de l'épisode du *Tankadère* en s'aidant de la carte de l'activité 3 : ce petit bateau ne peut pas faire une traversée en pleine mer, il ne peut que longer les côtes. Il peut donc aller à Shangaï. Le bateau pour San Francisco en Amérique part de Shangaï, en réalité, et fait escale à Yokohama, qui est plus loin. Shangaï étant plus près, ils ont une chance d'attraper le bateau pour San Francisco. -**Activité 3** : répondre seul au QCM. Mise en commun avec justification. **12/ Chapitres 18 et 19.** -Rappel de l'épisode précédent, notamment la cause de l'absence de Passepartout. -**Lexique** : explication des mots *en berne, lame (vague), goélette (voir fiche 12), houleuse, s'arracher les cheveux*. -**Lecture à haute voix du ch.18 par des élèves volontaires.** Ecoute active : rechercher les 2 manières qu'a *le Tankadère* d'avertir et de rejoindre le paquebot et se faire « le film dans sa tête » (coup de canon, drapeau en berne). Confirmation est faite que Fix a peur que Passepartout raconte tout à son maître. Faire remarquer l'attitude de Mrs Aouda qui ne se plaint jamais. Elle semble, comme Fogg, ne pas montrer ses émotions. Pourquoi ? (elle ne veut pas être un fardeau pour Fogg, elle vient déjà d'échapper à la mort). Interrompre la lecture pour faire **l'activité 2,** seul, en binôme, puis collectivement. -**Faire les activités 3 et 1**. Mise en commun. Ecoute active : lire l'activité 1 pour rechercher ces informations. Après lecture, faire seul **l'activité 1**. Mise en commun avec justifications et retour au texte. -**Le PE lit le chapitre 19 à haute voix.** Ecoute active : faire le « le film dans sa tête » et retrouver ce que fait Passepartout au Japon pour gagner un peu d'argent. Interrompre la lecture pour faire l'activité 4. Mise en commun. Pourquoi a-t-il été choisi ? (pour sa force).	12/ Fiche 12 -Roman, chapitres 18 et 19 -Mappemonde (drive) Travail sur les inférences, les informations essentielles, les personnages, le lexique.

23

Le tour du monde en 80 jours. Jules Verne

	Etapes-clés du déroulement	Matériel, objectifs ciblés
Semaine 6	-**Questions orales (inférences)** : quel est le plan de Passepartout, qui réalise qu'il n'a plus de maître et plus d'argent ? Se laisse-t-il abattre ? Pourquoi ? (rappeler d'où lui vient son nom). Est-il fainéant ? (non, il va tout de suite chercher un travail et accepte presque n'importe quoi). Pour quelle raison a-t-il été recruté ? (sa force herculéenne). Combien de jours sont prévus jusqu'à San Francisco ? -**Activité 5** : rédiger les pensées de Passepartout. S'entraîner à l'oral, en s'appuyant sur les éléments du texte p. 81. Différenciation : écrire en binôme ou donner des contraintes de mots, qui servent de guide (taverne, tôt, prévenir, faute). -**Prolongement** : repérer Yokohama sur la mappemonde et San Francisco. -Visionner un extrait du film ou du dessin animé, car l'épisode complet sur le Japon a été écourté dans la version abrégée du livre. **12bis/ Ecouter et comprendre : le Japon.** **Nourrissage culturel.** -**Ecoute et lecture d'un documentaire sur le Japon.** Dire aux élèves qu'ils vont découvrir un court document vidéo sur le Japon, le pays tel qu'il est actuellement, avec des images et du texte. Il faudra compléter la carte mentale en prenant des notes. Il y aura 2 écoutes : une pour avoir une idée générale du contenu et poser des questions, s'il y a une incompréhension ; une autre pour compléter la carte mentale. Si besoin, une 3ᵉ écoute pourra aider à compléter ses notes. L'enseignant peut lire à haute voix ce qui est écrit dans la vidéo, car cela risque d'aller trop vite. Dans les paramètres, on peut aussi régler la vitesse de lecture et la ralentir, ou enfin, on peut faire des arrêts sur image. Différenciation : travail en binôme. -**Mise en commun** avec retour à la vidéo, afin de modifier ou de compléter sa carte mentale. On peut faire passer un binôme pour la restitution orale. Correction collective au tableau. Préciser qu'il y a bien une réplique de la Tour Eiffel à Tokyo, où après la 2ᵉ guerre mondiale, des architectes ont construit des répliques de monuments étrangers. La Tour de Tokyo rouge et blanche sert d'émetteur de radio et de centre de compétitions de *gaming*. -**Prolongement** : vous pouvez continuer le *lapbook* avec la mappemonde. **13/ Chapitres 20 et 21.** -Rappel de l'épisode précédent. -**Lecture à haute voix du ch.20 par des élèves volontaires.** **Ecoute active** : lire les activités 1 et 3 pour écouter de manière sélective. -Interrompre la lecture pour **faire l'activité 2**. Préciser que le 11 décembre, Fogg se voit à New York. -Faire les **activités 1 et 3**, seul, puis mettre en commun pour corriger ou compléter. -**Questions orales** : qui est cet « ennemi » de Fix ?p. 90 (Passepartout qui peut le trahir).	Lien du dessin animé : https://tinyurl.com/yjhurpa6 Lien du DVD du film avec David Niven : https://amzn.to/3F58Zuy 12bis/ Fiche 12bis avec la carte mentale. Lien de la vidéo : https://tinyurl.com/yfnuj4j2 -Soutenir son attention en vue d'une restitution orale, adapter son écoute pour prélever des informations importantes, prendre des notes, dire ce que l'on n'a pas compris, prendre la parole en s'appuyant sur ses notes. Devoirs : lire le ch.20 13/ Fiche 13 -Roman, chapitres 20 et 21 -Mappemonde (drive) Travail sur les inférences, les informations essentielles, les personnages, la chronologie du récit.

Le tour du monde en 80 jours. Jules Verne

		Etapes-clés du déroulement	Matériel, objectifs ciblés
Semaine 6		-Pourquoi Passepartout ne raconte-t-il pas tout à Fogg à propos de Fix ? (parce qu'il ne veut pas contrarier son maître, d'autant que Fix n'est plus un ennemi mais un allié). Fix pense-t-il que Fogg est innocent ? (non, il le croit toujours coupable). Faire reformuler les nouvelles intentions de Fix. -**L'enseignant lit le chapitre 22.** Que signifie « administrer une volée » ? Pourquoi fait-il cela ? Qui sont les Sioux ? Pourquoi Passepartout veut-il s'armer ? Qu'en pense Fogg ? -**Faire l'activité 4**, seul puis en binôme et échanger collectivement. -Repérer San Francisco sur la mappemonde. **13bis/ Ecouter et comprendre : San Francisco. Nourrissage culturel.** -**Ecoute et lecture d'un documentaire sur San Francisco.** Dire aux élèves qu'ils vont découvrir un court document vidéo sur San Francisco, la ville telle qu'elle est actuellement, avec des images et du texte. Il faudra compléter la carte mentale en prenant des notes. Il y aura 2 écoutes : une pour avoir une idée générale du contenu et poser des questions, s'il y a une incompréhension ; une autre pour compléter la carte mentale. Si besoin, une 3ᵉ écoute pourra aider à compléter ses notes. Différenciation : travail en binôme. -**Mise en commun** avec retour à la vidéo, afin de modifier ou de compléter sa carte mentale. On peut faire passer un binôme pour la restitution orale. Correction collective au tableau. -Evoquer le « *cable car* » qui est devenu le symbole de San Francisco, sorte de *tramway* à ciel ouvert. -**Prolongement** : vous pouvez continuer le *lapbook* avec la mappemonde. -Anglais : vous pouvez faire écouter la chansons « *If you're going to San Francisco* », intemporelle, et faire apprendre le refrain. **14/ Chapitres 22, 23 et 24.** -Rappel de l'épisode précédent. Ces chapitres ont la particularité d'être riches en péripéties. La lecture de l'enseignant permettra aux élèves de se faire « le film dans leur tête ». Il faudra toutefois interrompre la lecture pour vérifier la compréhension et clarifier certains points. A la fin de chaque chapitre, permettre aux élèves de prendre des notes et de compléter la fiche 14, sinon ils ne pourront pas s'appuyer sur leur mémoire pour 3 chapitres consécutifs. -Dire aux élèves de fermer les yeux et de se faire le film dans leur tête, tout en écoutant le récit. -**Ecoute active : repérer les obstacles, leur solution et le retard que cela entraîne ou non.** -**Lecture à haute voix du ch.22 par l'enseignant.** -Expliciter « *ocean to ocean* » à l'aide de la mappemonde. Les lignes de chemin de fer traversaient tous les Etats-Unis. Repérer le chemin de New York à Liverpool. La fin du voyage approche. -**Laisser les élèves compléter le début de la fiche 14** avant de passer à la lecture du chapitre suivant.	Devoirs : lire le ch. 22 13bis/ Fiche 13bis avec la carte mentale. Lien de la vidéo : https://tinyurl.com/2hxvvvm4 -Soutenir son attention en vue d'une restitution orale, adapter son écoute pour prélever des informations importantes, prendre des notes, dire ce que l'on n'a pas compris, prendre la parole en s'appuyant sur ses notes. 14/ Fiche 14 -Roman, chapitres 22 à 24 -Mappemonde (drive) Travail sur les inférences, les informations essentielles, la chronologie du récit, la production d'écrit court.

Le tour du monde en 80 jours. Jules Verne

	Etapes-clés du déroulement	Matériel, objectifs ciblés
Semaine 6	-**Lecture à haute voix du ch.23 par l'enseignant.** -Expliquer ce qu'est un Fort, avec des soldats américains. Ils vont pouvoir aider les voyageurs et attaquer les Sioux. -Faire reformuler l'action héroïque de Passepartout, pour vérifier la bonne compréhension. -**Laisser les élèves compléter la suite de la fiche 14** avant de passer à la lecture du chapitre suivant. -**Lecture à haute voix du ch.24 par l'enseignant.** -Rappel : pourquoi Fix aide-t-il M. Fogg ? Quel retard a Fogg au bout du compte : 20h, 12h, 8h ? Quel moyen de transport ont-ils trouvé ? Que fait Fogg une fois arrivé à la station suivante ? (il prend une série de trains vers New York). Quelle déception se produit à nouveau ? (le bateau est déjà parti). -**Laisser les élèves compléter la fin de la fiche 14.** -**Mise en commun.** Compléter et corriger sa fiche. Justifier avec des retours au texte. -**Production d'écrits : anticiper** sur la suite de l'histoire. Que va faire Fogg et son équipe alors qu'ils viennent de manquer le paquebot pour l'Angleterre ? **14bis/ Ecouter et comprendre : les Amérindiens. Nourrissage culturel.** -**Ecoute et lecture d'un documentaire sur les indiens d'Amérique.** -**Lexique :** expliquer *colon, coloniser, Amérindiens*. -Dire aux élèves qu'ils vont découvrir un court document vidéo sur les Indiens d'Amérique, dont les Sioux. Cette vidéo évoque leur mode de vie en fonction du climat du lieu où ils vivent mais aussi les causes de leur disparition et de leur pauvreté. Il faudra compléter la carte mentale en prenant des notes. Il y aura 2 écoutes : une pour avoir une idée générale du contenu et poser des questions, s'il y a une incompréhension ; une autre pour compléter la carte mentale. Si besoin, une 3e écoute pourra aider à compléter ses notes. Différenciation : travail en binôme, ou même en collectif, afin d'échanger sur la condition des Amérindiens. -**Mise en commun** avec retour à la vidéo, afin de modifier ou de compléter sa carte mentale. On peut faire passer un binôme pour la restitution orale. Correction collective au tableau. -Insister sur le côté « écolo » des Indiens qui respectaient la Terre et s'adaptaient à elle. -**Prolongement** : montrer la vidéo sur les grands chefs indiens, pour la culture générale (il y a beaucoup de Sioux). -**Musique :** faire écouter un chant de guerre indien. -Vous pouvez continuer le *lapbook* avec la mappemonde. **15/ Chapitres 25, 26 et 27.** -Rappel de l'épisode précédent, notamment du nouvel obstacle (départ du paquebot pour Liverpool) et des hypothèses faites pour rattraper le retard. -**Activité 1** : faire le point sur les personnages. Mise en commun.	Devoirs : lire les ch. 25 et 26 14bis/ Fiche 14bis avec la carte mentale. Lien de la vidéo : https://video.link/w/OG6Ed -Soutenir son attention en vue d'une restitution orale, adapter son écoute pour prélever des informations importantes, prendre des notes, dire ce que l'on n'a pas compris, prendre la parole en s'appuyant sur ses notes. Lien de la vidéo sur les chefs : https://video.link/w/aH6Ed 15/ Fiche 15 -Roman, chapitres 25 à 27 -Fiche 15 annexe, si nécessaire, pour la production d'écrits -Mappemonde (drive)

Le tour du monde en 80 jours, Jules Verne

	Etapes-clés du déroulement	Matériel, objectifs ciblés
Semaine 7	**Lecture à haute voix du ch.25 par des élèves volontaires.** -**Questions orales** pour aider les élèves à faire le film dans leur tête et en vue de l'activité 5 : pourquoi les bateaux à voile ne conviennent-ils pas à Fogg ? (pas assez rapides). Quel est le nouvel obstacle ? (plus de charbon, le bateau à vapeur ne pourra plus avancer. Rappeler la fiche documentaire 8bis). Que veut faire Fogg avec l'*Henrietta* ? Pourquoi l'achète-t-il ? (au moins, il peut en faire ce qu'il en veut et détruire les parties en bois pour les brûler). -**Lecture à haute voix du ch.26 par l'enseignant.** -**Questions orales** pour aider les élèves à faire le film dans leur tête et en vue de l'activité 5 : quel est le nouvel obstacle au début du chapitre ? Comment le règle Phileas Fogg ? Pourquoi Fogg propose-t-il toujours bien plus d'argent que le vendeur ? (pour être certain qu'il dise oui sans réfléchir longtemps).Pourquoi Fix faillit avoir « un coup de sang » ? (parce que celui qui retrouve la somme volée à la banque gagne 5% -p.15- et Fogg dépense tout). Quelle conséquence sur le pari va avoir l'arrestation de Fogg ? Aurait-on pu éviter cela ? (oui, si Passepartout avait finalement confié à son maître les intentions de Fix). -**Laisser les élèves compléter l'activité 2**. Mise en commun. -**Lecture à haute voix du ch.27 par l'enseignant.** -**Questions orales** pour aider les élèves à faire le film dans leur tête et en vue de l'activité 5 : pourquoi Passepartout veut-il « se briser la tête » ? Pourquoi n'a-t-il rien dit ? Au moment de l'arrestation, Fogg peut-il encore regagner Londres ? (oui, il a 9h15 devant lui). Que fait M. Fogg à Fix ? Pouvait-on s'y attendre ? (c'est mérité mais c'est plutôt le genre de Passepartout de perdre son sang froid). -**Faire les activités 3 et 4**, seul. Que peut penser M. Fogg en prison ? S'entraîner à l'oral avant de rédiger. -**Faire l'activité 5**. Mise en commun. Différenciation : la fiche annexe permet de découper plutôt que de numéroter. -**Anticiper à l'oral** : que va-t-il se passer ? 16/ **Chapitres 28 à 30.** -Rappel de l'épisode précédent, notamment des derniers obstacles et de la perte du pari. -Avant lecture, faire **l'activité 1** : écrire une carte pour remonter le moral de M. Fogg et dire ce que l'on pense du pari. C'est une manière de dire ce que l'on a aimé ou pas dans cette histoire, en s'adressant directement au héros dont on a vécu les aventures. **Lecture à haute voix du ch.28 par des élèves volontaires.** -**Questions orales** pour aider les élèves à faire le film dans leur tête : quelle est l'ambiance de ce chapitre ? Qu'est-ce qui montre que Fogg ne va pas bien ? (il ne suit pas ses habitudes). Qu'est-ce qui est surprenant dans cette demande en mariage ? M. Fogg perd 2 choses et en gagne une : lesquelles ? -**Faire l'activité 2**. Mise en commun.	Travail sur les inférences, les informations essentielles, la chronologie du récit, la production d'écrit court. Devoirs : lire le ch. 28 16/ Fiche 16 -Roman, chapitres 28 à 30 -Mappemonde (drive) Travail sur les inférences, les informations essentielles, la chronologie du récit, la production d'écrit court.

Le tour du monde en 80 jours. Jules Verne

	Etapes-clés du déroulement	Matériel, objectifs ciblés
Semaine 7	-**Lecture à haute voix du ch.29 par l'enseignant.** -**Questions orales (inférences) :** comprend-on quelque chose à ce chapitre ? Pourquoi ? (Fogg a perdu, normalement). Notre cœur bat à la lecture de ce chapitre, pourquoi ? (on vit chaque minute dans l'attente du pari gagné. Comme une 2e fin). -Quel est le **coup de théâtre** ? Donner la définition : c'est un rebondissement, un changement soudain et inattendu. Fogg a gagné son pari. Que s'est-il passé ? Anticiper à l'oral. -**Lecture à haute voix du ch.30 par l'enseignant.** Il sera nécessaire d'expliquer en détail la justification scientifique du phénomène. -**Prolongements.** -**EMC :** débat sur la dernière question « En vérité, ne ferait-on pas pour moins que cela (le bonheur) le tour du Monde » ? -Il existe **un jeu de société**, du même nom, édité chez *Purple Brain*. Pourquoi ne pas en créer un avec vos élèves, un jeu de plateau avec des questions sur le récit ? -**Musique :** apprendre la chanson « Le tour du monde en 80 jours » des Enfantastiques. -Regarder le dessin animé retraçant la fin du récit avec l'ajout du mariage. -**Le trophée Jules Verne :** regarder la vidéo. Cette course a été créée en l'honneur de Jules Verne et de ce livre. **16bis/ Ecouter et comprendre : le Trophée Jules Verne. Nourrissage culturel.** -**Ecoute et lecture d'un documentaire.** -**Lexique :** expliquer *trimaran* -Dire aux élèves qu'ils vont découvrir un court document vidéo sur un trophée créé en l'honneur de Jules Verne. Il faudra compléter la carte mentale en prenant des notes. Il y aura 2 écoutes : une pour avoir une idée générale du contenu et poser des questions, s'il y a une incompréhension ; une autre pour compléter la carte mentale. Si besoin, une 3e écoute pourra aider à compléter ses notes. Différenciation : travail en binôme. -**Mise en commun** avec retour à la vidéo, afin de modifier ou de compléter sa carte mentale. On peut faire passer un binôme pour la restitution orale. Correction collective au tableau. Cette vidéo date d'il y a 7 ans, on pourra envisager des recherches sur internet pour avoir plus de renseignements actuels, notamment sur le site internet du Trophée.	Lien du dessin animé : https://video.link/w/TRBEd Lien de la chanson : https://video.link/w/bOBEd Lien de la vidéo sur le Trophée https://video.link/w/yUBEd 16bis/ Fiche 16bis avec la carte mentale. Lien de la vidéo : https://video.link/w/yUBEd -Soutenir son attention en vue d'une restitution orale, adapter son écoute pour prélever des informations importantes, prendre des notes, dire ce que l'on n'a pas compris, prendre la parole en s'appuyant sur ses notes.

L'enseignant fera remplir le passeport au choix : au nom de Phileas Fogg ou alors au nom de chaque élève suivant l'aventure. A chaque pays traversé, l'enseignant pourra tamponner « *Visa approved* » sous le nom de chaque pays.

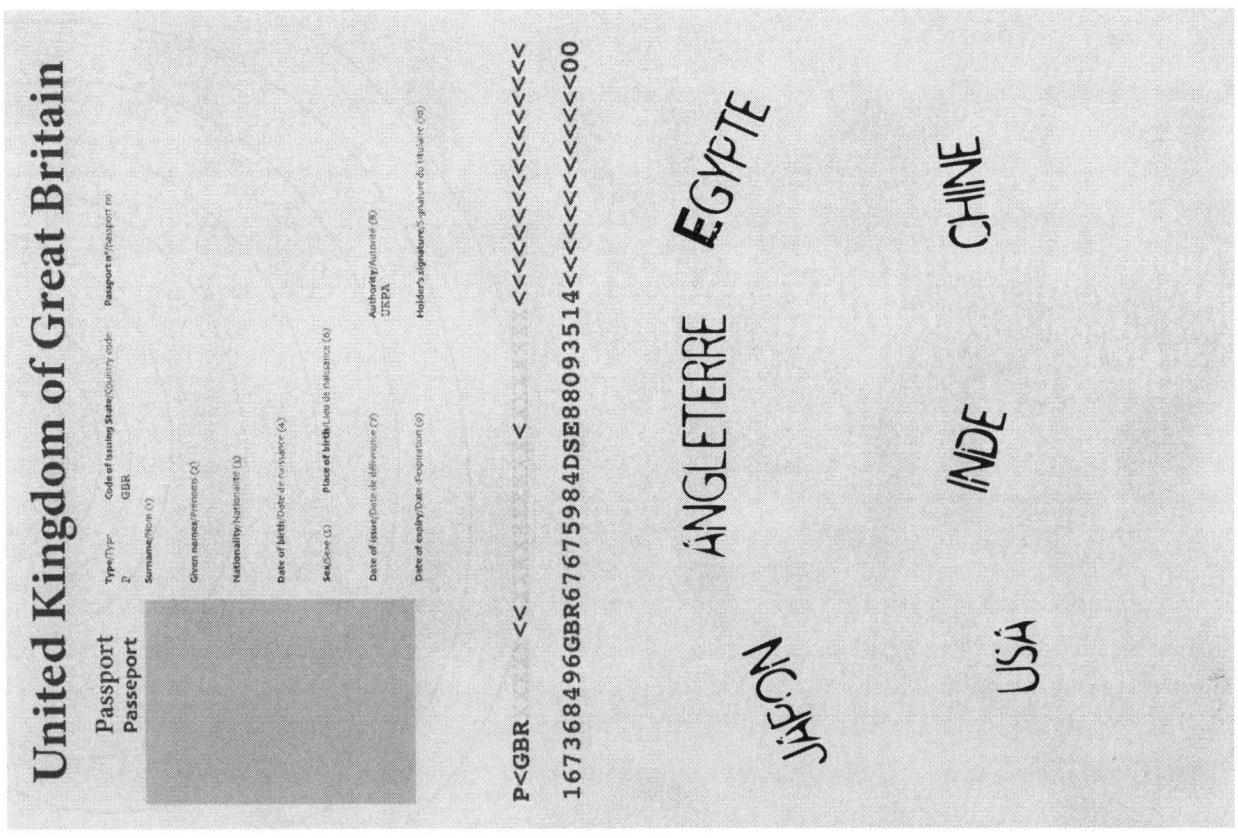

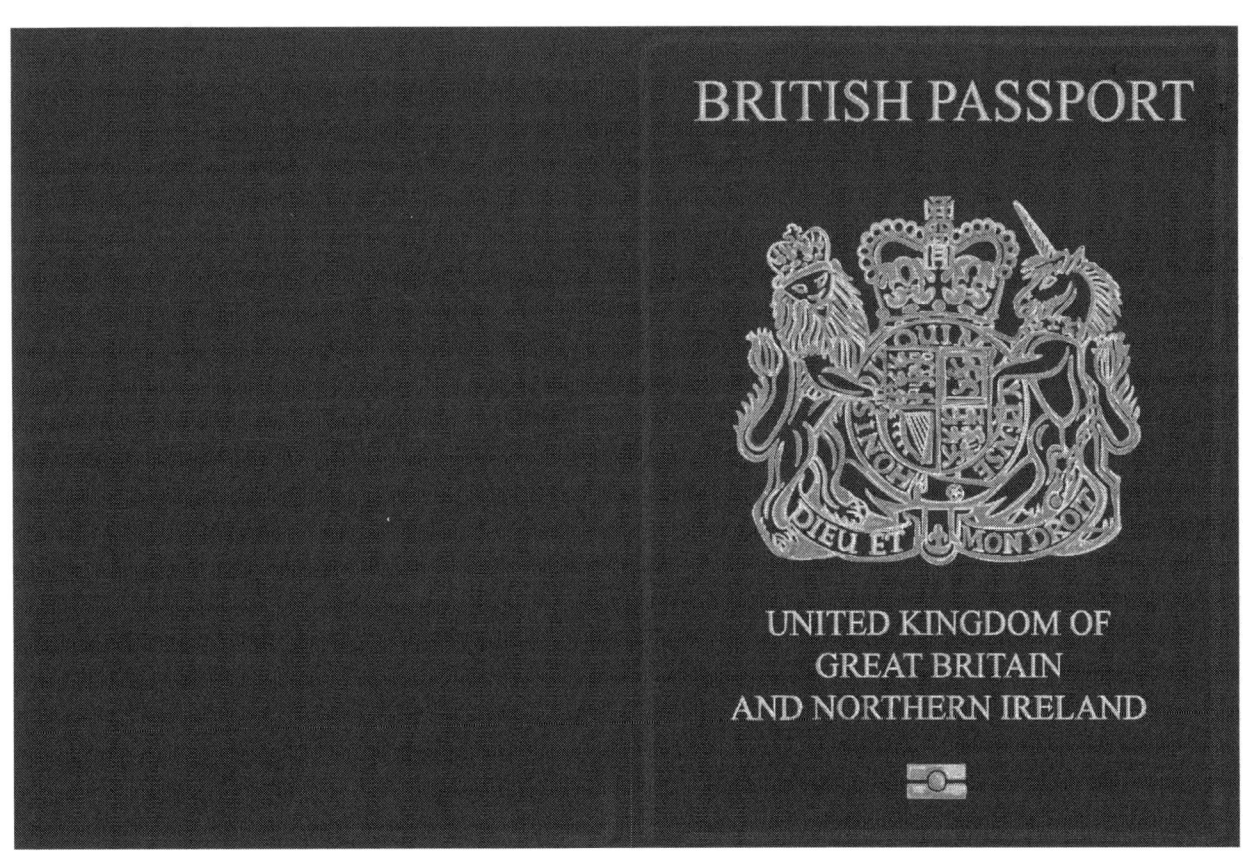

Fiche 1a — Le tour du monde en 80 jours. Jules Verne

Prénom : _____

Jules Verne

1/ Réponds au QCM, en cochant la bonne réponse, après avoir vu et écouté la vidéo.

a) En quelle année et à quel siècle est né Jules Verne ?
- ☐ 1905, 20ᵉ siècle
- ☐ 1828, 18ᵉ siècle
- ☐ 1828, 19ᵉ siècle

b) Quelles ont été les passions de Jules Verne depuis toujours ?
- ☐ La littérature, l'écriture, les voyages.
- ☐ La littérature, le droit, les voyages.
- ☐ La littérature, le droit, la poésie.

c) Avant d'écrire des romans d'aventure, il rédige :
- ☐ des pièces de théâtre, des documentaires.
- ☐ des pièces de théâtre, des drames.
- ☐ des pièces de théâtre, des poèmes.

d) Pour donner un aspect plus vraisemblable à ses récits de voyage :
- ☐ il fait le tour du monde malgré sa cécité.
- ☐ il se documente sur les grandes inventions techniques de son siècle.
- ☐ il fait un voyage au centre de la Terre depuis l'Afrique.

e) On peut dire que la mer est au centre de la vie de Jules Verne car :
- ☐ il est parti à New York en bateau et il a voyagé en ballon au-dessus des mers.
- ☐ il a voyagé en ballon au-dessus des mers et il s'est acheté un voilier.
- ☐ il est parti à New York en bateau et il s'est acheté un voilier pour parcourir les mers.

f) Son premier livre de voyage et gros succès fut :
- ☐ Voyage au centre de la Terre
- ☐ Cinq semaines en ballon
- ☐ 20 000 lieues sous les mers

La série de récits de voyages de Jules Verne s'appelle « les voyages extraordinaires ». On qualifie son œuvre de science-fiction, car au récit de fiction s'ajoutent de nombreuses machines inspirées des grandes découvertes de l'époque.

Fiche 1b — Le tour du monde en 80 jours. Jules Verne

Prénom : _____

Jules Verne

Réponds au QCM, en cochant la bonne réponse, après avoir vu et écouté la vidéo.

a) En quelle année et à quel siècle est né Jules Verne ?
- ☐ 1905, 20ᵉ siècle
- ☐ 1828, 18ᵉ siècle
- ☐ 1828, 19ᵉ siècle

b) Jules Verne était écrivain mais aussi :
- ☐ il avait fait des études de droit.
- ☐ il était éditeur de livres.
- ☐ il travaillait à la radio.

c) Jules Verne était un grand visionnaire car :
- ☐ il a imaginé et créé le sous-marin, l'avion et d'autres engins.
- ☐ il avait imaginé dans ses livres le sous-marin, l'avion et d'autres engins.
- ☐ c'était un grand savant qui a survolé le Pôle-Nord.

d) Jules Verne était l'auteur le plus lu de tout son temps, pourtant :
- ☐ on lui refusa de voyager cinq semaines en ballon.
- ☐ on lui refusa un siège à l'Académie Française.
- ☐ on lui refusa de publier son roman « Cinq semaines en ballon ».

e) Jules Verne a failli ne pas publier son premier roman, mais :
- ☐ sa femme a récupéré son manuscrit et l'a convaincu de refaire une demande.
- ☐ sa femme a récupéré son manuscrit et l'a jeté au feu.
- ☐ sa femme l'a encouragé à refaire une demande, même s'il était presque aveugle.

f) Son premier livre de voyage fut :
- ☐ Le tour du monde en 80 jours
- ☐ Cinq semaines en ballon
- ☐ 20 000 lieues sous les mers

La série de récits de voyages de Jules Verne s'appelle « les voyages extraordinaires ». On qualifie son œuvre de science-fiction, car au récit de fiction s'ajoutent de nombreuses machines inspirées des grandes découvertes de l'époque.

Fiche 2 — Le tour du monde en 80 jours. Jules Verne

Prénom :

La bande-annonce du livre

1/ En visionnant la bande-annonce du livre, chaque groupe va prendre des notes sur les personnages, les lieux et la situation-problème :

Les personnages

Les lieux

La situation-problème

2/ Ecris ton scénario de l'histoire.

C'est l'histoire de

Fiche 3 — Le tour du monde en 80 jours. Jules Verne

Prénom : _____

Chapitre 1

Date : _____

1/ Ecoute la lecture du chapitre 1.
Chaque groupe prend des notes sur ce que l'on apprend sur Phileas Fogg.

- Aspect physique
- Lieu de vie
- Situation financière
- Phileas Fogg
- Loisirs
- Caractère
- Famille

2/ Entoure les adjectifs correspondants.
Cette phrase « *Déjeunant, dînant au club à des heures chronométriquement déterminées, dans la même salle, à la même table [...] il ne rentrait chez lui que pour se coucher à minuit précis* » signifie que Phileas Fogg est :

gourmand - précis - désorganisé - organisé - flegmatique - maniaque - exigeant - intransigeant - endormi

3/ a) D'où provient le surnom « Passepartout » ? _____

b) Selon toi, pourquoi ce détail est-il important ? _____

Fiche 4 — Le tour du monde en 80 jours. Jules Verne

Prénom : _____

Chapitres 2 et 3
Date du départ : _____
Date et heure d'arrivée : _____
Montant du pari : _____

1/ Légende les portraits physiques de Phileas Fogg et de Jean Passepartout.

2/ Réfléchis et réponds aux questions avant d'en parler en classe :

a) Pourquoi Passepartout est-il heureux de rentrer au service d'un homme comme M. Fogg ?
_____

b) Qu'est-ce qui est le plus choquant pour toi parmi les habitudes de M. Fogg ?
_____
_____

c) Comment l'auteur s'y prend-il pour que l'on soupçonne M. Fogg d'être le voleur de banque ? Pages 14, 5-6

1. _____
2. _____

3/ Dessine sur la carte le trajet prévu par le journal.

4/ Quels imprévus peuvent survenir ?
_____

The littérature 2, exploitations littéraires de romans et d'albums, cycle 3

Fiche 4bis — Le tour du monde en 80 jours.

Prénom :

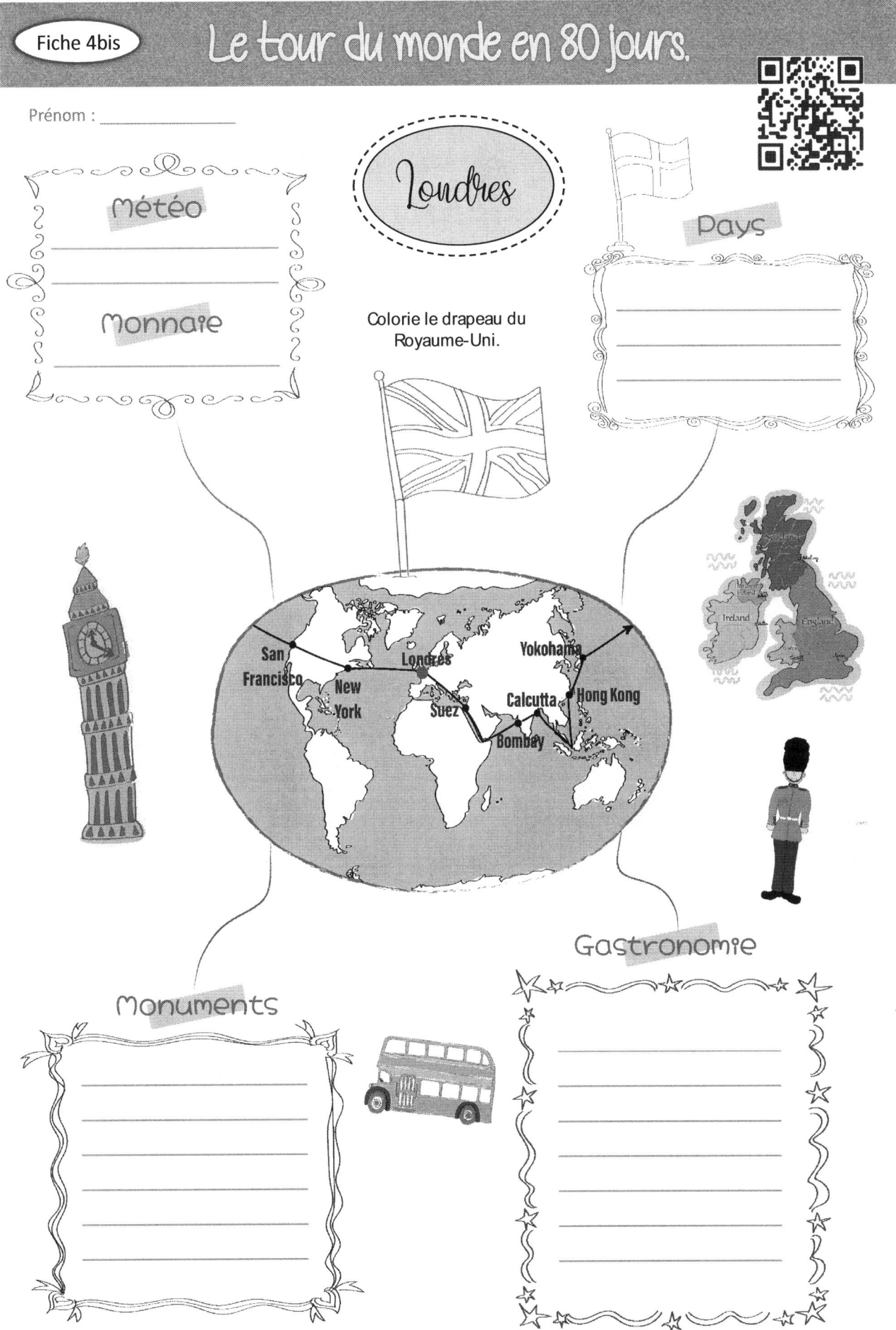

Londres

Météo

Monnaie

Colorie le drapeau du Royaume-Uni.

Pays

Monuments

Gastronomie

The littérature 2, exploitations littéraires de romans et d'albums, cycle 3

Fiche 5 — Le tour du monde en 80 jours, Jules Verne

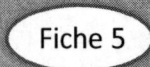

Prénom : _____

Chapitres 4 et 5

Destination : _____

1/ Chapitre 5. Un nouveau personnage apparaît à la fin du chapitre. Complète.

Qui est-ce ? _____

Que veut-il ? _____

Pourquoi ? _____

2/ Chapitre 5. Réfléchis et réponds aux questions avant d'en parler en classe :

a) Cite les 2 raisons qui font que les gens ne parient plus sur Phileas Fogg.

b) M. Fogg a fait son pari en disant qu'il partirait par le train de 8h45, alors qu'il jouait aux cartes. Qu'en penses-tu ? _____

c) Phileas Fogg ne part qu'avec un sac et veut tout acheter en route. Pourquoi, selon toi ?
_____

d) Qu'est-ce que c'est ? _____

e) Où se rendent les personnages avec cet engin ? _____

3/ Qui est-ce ? A qui correspondent les mots surlignés ? *Philéas Fogg* ou *Passepartout*

Une sorte de grimace s'ébaucha sur la ronde face du Français. → C'est ....

Tout le monde, et non sans raison, se mettait contre lui. → C'est ....

D'après cet article, tout était contre le voyageur. → C'est ....

Ce personnage prétextait un voyage autour du monde. → C'est ....

The littérature 2, exploitations littéraires de romans et d'albums, cycle 3

Fiche 6 — Le tour du monde en 80 jours. Jules Verne

Prénom : _____

Chapitres 6 et 7
Ecris le nom du paquebot sur le dessin.

1/ Chapitre 6. Ecris les pensées de ce personnage très sûr de lui.

Mots obligatoires :
prime
flair
Bombay
gentleman

2/ Qui est-ce ? A qui correspondent les mots surlignés ? *Philéas Fogg, Fix* ou *Passepartout*

« Ce passeport n'est pas le vôtre, dit-il au **passager**. → C'est ....

-Non, c'est celui de **mon maître**. → C'est ....

-Mais, reprit **l'agent**, il faut qu'il se présente au Consulat ». → C'est ....

Le détective était très alléché par la forte prime. → C'est ....

Il doit bien savoir qu'**il** ne serait pas en sûreté, en Inde, qui est une Terre anglaise. → C'est ....

3/ Réfléchis et réponds aux questions avant d'en parler en classe :

a) Pourquoi l'Inspecteur Fix ne peut-il pas arrêter M. Fogg à Suez ?
_____

b) Fogg note tout sur un carnet avec « gain » et « perte ». Qu'est-ce que cela signifie ?
_____
_____

c) Phileas Fogg est-il en retard ? _____ Recopie la phrase qui le prouve.
_____

d) Que s'est-il passé entre Douvres et Suez ?

de Douvres → de Calais → de _____ → de Turin → de _____ → à Suez
en bateau _____ en train _____ en bateau

The littérature 2, exploitations littéraires de romans et d'albums, cycle 3

Fiche 6bis — **Le tour du monde en 80 jours.**

Prénom : _____

Le canal de **Suez**

Colorie le drapeau égyptien.

C'est quoi ?

Qui en est à l'origine ?

A quel pays appartient-il ?

Comment a-t-il été creusé ?

The littérature 2, exploitations littéraires de romans et d'albums, cycle 3

Fiche 7a — Le tour du monde en 80 jours. Jules Verne

Prénom : _____

Chapitres 8 et 9

1/ Chapitre 6. Passepartout livre des informations sur Phileas Fogg qui confirment les soupçons de Fix. « *On imagine aisément l'effet que ces réponses devaient produire sur l'esprit déjà surexcité de l'inspecteur de police* ». **Rédige les pensées de Fix.**

Mots obligatoires :
pressé
fugitif
bank-notes
pari

2/ Les fuseaux horaires. Pourquoi Passepartout veut-il rester à l'heure de Londres au lieu de respecter le décalage horaire ?

☐ il ne veut pas abîmer la montre de son arrière grand-père.
☐ il veut respecter les horaires de Londres imposées par M. Fogg.
☐ il sait qu'on ne peut pas se fier au soleil pour l'heure.

3/ Relie les mots aux images.

vue — admirer, observer, les couleurs, la variété

odorat — Respirer, humer, le parfum, une effluve

goût — savourer, déguster, doux, délicieux, épicé, exquis

ouïe — percevoir, murmure, vacarme, brouhaha

toucher — caresser, effleurer, la douceur

4/ Rédige les sensations que l'on peut avoir dans le bazar, ce qu'on sent, ce qu'on entend, ce qu'on voit.

The littérature 2, exploitations littéraires de romans et d'albums, cycle 3

Fiche 7b — Le tour du monde en 80 jours. Jules Verne

Prénom : _____

Chapitres 8 et 9

1/ Chapitre 6. Passepartout livre des informations sur Phileas Fogg qui confirment les soupçons de Fix. « *On imagine aisément l'effet que ces réponses devaient produire sur l'esprit déjà surexcité de l'inspecteur de police* ». **Rédige les pensées de Fix.**

Mots obligatoires :
- pressé
- fugitif
- bank-notes
- pari

2/ Les fuseaux horaires. Pourquoi Passepartout veut-il rester à l'heure de Londres au lieu de respecter le décalage horaire ?

☐ il ne veut pas abîmer la montre de son arrière grand-père.
☐ il veut respecter les horaires de Londres imposés par M. Fogg.
☐ il sait qu'on ne peut pas se fier au soleil pour l'heure.

3/ Relie les mots aux images.

admirer, observer, les couleurs, la variété — **vue**

Respirer, humer, le parfum, un effluve — **odorat**

goût — savourer, déguster, doux, délicieux, épicé, exquis

ouïe — percevoir, murmure, vacarme, brouhaha

toucher — caresser, effleurer, la douceur

4/ Passepartout écrit une carte postale pour décrire le bazar : ce qu'il sent, ce qu'il entend, ce qu'il voit.

Post Card

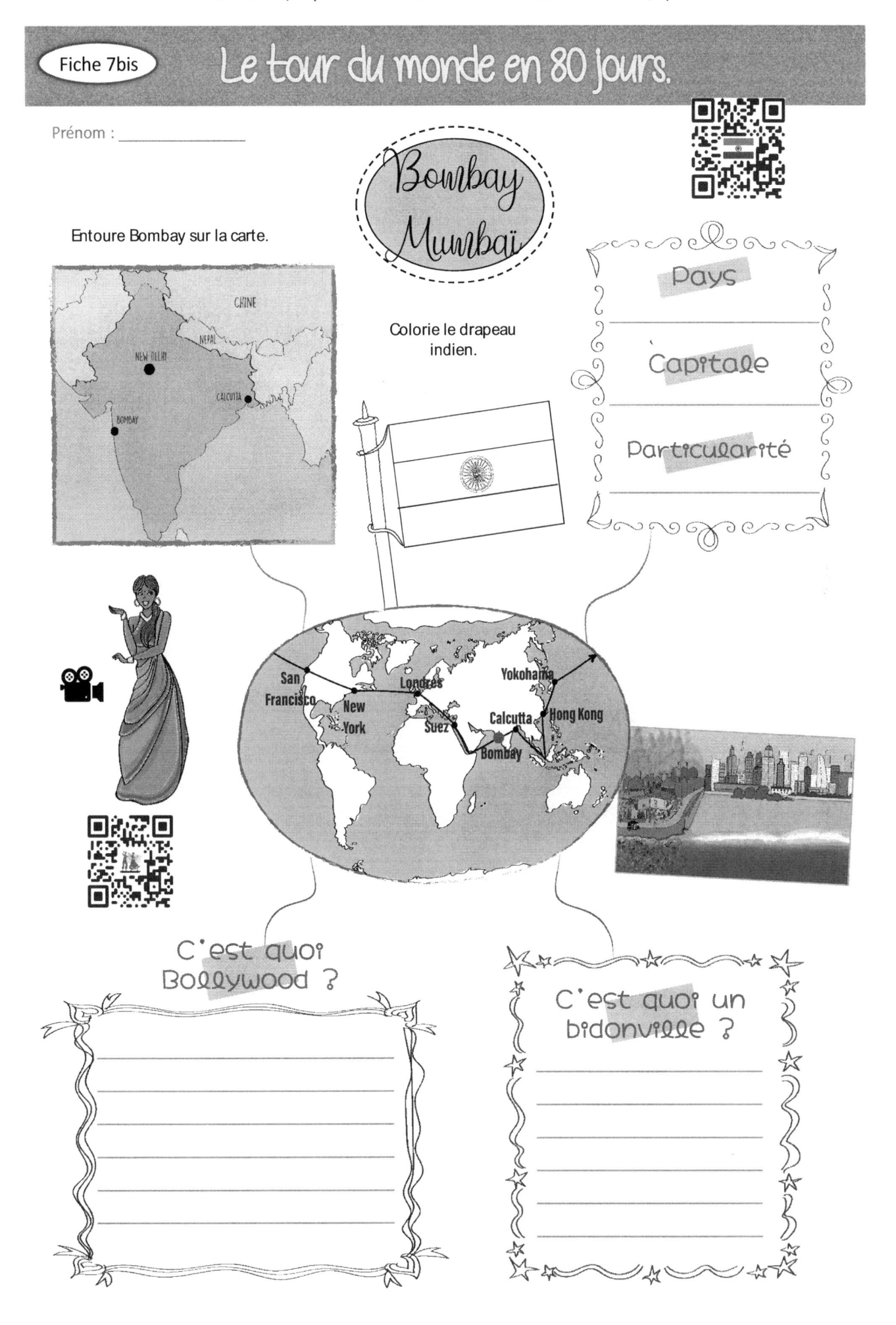

The littérature 2, exploitations littéraires de romans et d'albums, cycle 3

Fiche 7bis — Le tour du monde en 80 jours.

Prénom : _____

Bombay / Mumbaï

Entoure Bombay sur la carte.

Colorie le drapeau indien.

Pays
_____

Capitale
_____

Particularité
_____

C'est quoi Bollywood ?

_____
_____
_____
_____
_____
_____

C'est quoi un bidonville ?

_____
_____
_____
_____
_____
_____

The littérature 2, exploitations littéraires de romans et d'albums, cycle 3

Fiche 8 — Le tour du monde en 80 jours. Jules Verne

Prénom : _____

Chapitres 10 et 11
Destination : _____
Date : _____

1/ Chapitre 10. Dessine le paysage vu depuis le train.

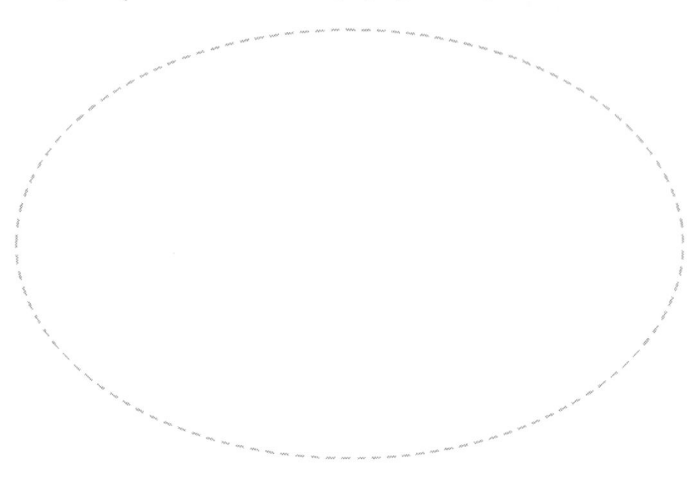

2/ Légende la gravure de Léon Benett (édition originale) :

3/ Chapitre 10. Rédige les pensées de Phileas Fogg.

Mots obligatoires :
paysage
circonférence
pari
éléphant

4/ Chapitre 11. Selon toi, comment Phileas Fogg va-t-il sauver des flammes la princesse ?

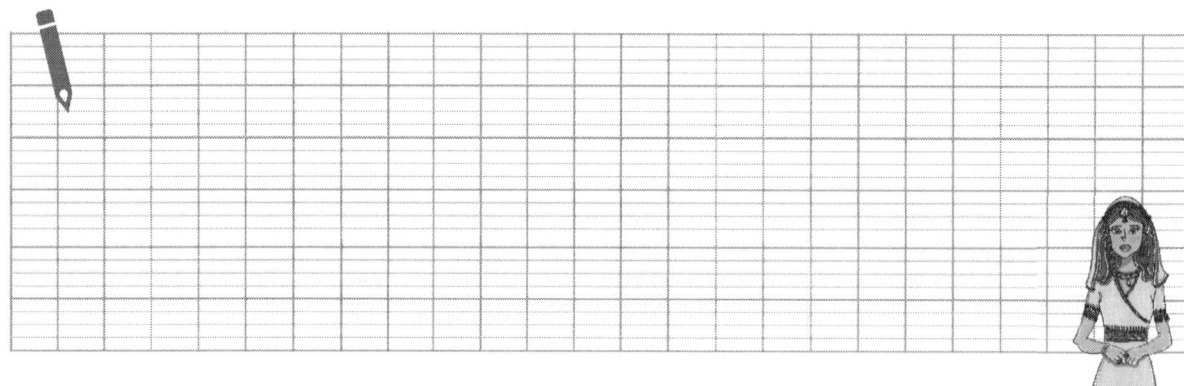

5/ Regarde ce dessin animé japonais « Le tour du monde en 80 jours » et discute en classe des parties de l'histoire qui ont été respectées et des choses qui ont été ajoutées.

The littérature 2, exploitations littéraires de romans et d'albums, cycle 3

Fiche 8bis — Le tour du monde en 80 jours.

Prénom : _____

La révolution industrielle

- Quel siècle ? _____
- Où a-t-elle commencé ? _____

- Nom de l'invention _____
- Nom de l'inventeur _____
- Fonctionne avec _____

- Nom de l'invention _____
- Nom de l'inventeur _____
- Utilité _____
- Nom du code S O S (··· −−− ···)

- Noms des inventions _____
- Intérêts _____
- Fonctionnent avec _____

Fiche 9a — Le tour du monde en 80 jours. Jules Verne

Prénom : _____

Chapitre 12

Un récit dans le récit

1/ Le plan de récit. Dessine les étapes du sauvetage de Mrs Aouda.

The littérature 2, exploitations littéraires de romans et d'albums, cycle 3

Fiche 9b — Le tour du monde en 80 jours. Jules Verne

Prénom : _____

Chapitres 12 et 13
Date : _____

1/ Chapitre 12. Rédige les pensées de Phileas Fogg.

Mots obligatoires :
sauver
éducation anglaise
beauté
2 jours

2/ Chapitre 12 : l'art du suspense. Réfléchis et réponds aux questions avant d'en parler en classe :

a) Cite les 2 raisons qui font que l'on croit Mrs Aouda perdue.

b) « Quel était cet homme qui, comme un fantôme, souleva la jeune femme dans ses bras … ».
Pourquoi l'auteur ne dit-il pas qui c'est dès le départ ?

_____

_____

3/ Chapitre 12. Remets les phrases dans l'ordre du sauvetage. Fogg décide de sauver la princesse ….

	Un homme déguisé en fantôme prend Mrs Aouda dans ses bras et s'enfuit avec elle. La foule est terrorisée.
	Les 3 hommes retournent dans la jungle pour réfléchir à une autre solution.
	Ils fuient à dos d'éléphants, poursuivis par les prêtres et par la foule qui ont compris la supercherie.
	En pleine nuit, ils décident de tenter d'entrer dans la pagode, mais elle est surveillée par des gardes armés de sabres.
	Au matin, les portes de la pagode s'ouvrent et Mrs Aouda sort, maintenue par 2 prêtres.
	Le fantôme n'est autre que Passepartout.
	Phileas Fogg veut se précipiter pour sauver la princesse des flammes du bûcher.
	Mrs Aouda est placée sur le bûcher enflammé.

The littérature 2, exploitations littéraires de romans et d'albums, cycle 3

Fiche 10 — Le tour du monde en 80 jours, Jules Verne

Prénom : _____

Chapitres 14 et 15
Date : _____
Ecris le nom du bateau sur le dessin.

1/ Chapitre 14. Réponds aux questions avant d'en parler en classe.

a) Selon toi, pourquoi Fix pense-t-il pouvoir arrêter M. Fogg à Hong Kong ? (indice : tu peux relire la fiche 6)

_____
_____

b) Recopie une phrase qui montre que Passepartout soupçonne Fix de suivre son maître.

_____
_____

2/ Complète.

Ce que Fix voit | Ce qu'il imagine | Ce qui s'est passé

3/ Entoure les adjectifs correspondant au caractère du détective Fix.
Puis, relie les adjectifs à l'extrait qui justifie ton choix.

menteur - désorganisé - stratège - galant - maniaque - exigeant - comédien - froid - excité

| Ma foi, un malaise … un peu le mal de mer … je suis resté couché dans ma cabine. | « Une jeune dame ? » répondit l'agent, qui avait parfaitement l'air de ne pas comprendre ce que son interlocuteur voulait dire. | Toutefois, il résolut d'interroger Passepartout. Il savait qu'il n'était pas très difficile de faire parler ce garçon. |

4/ Chapitre 15. Les péripéties pour atteindre Yokohama et prendre le *Carnatic*. **Complète.**

Obstacles	Retard prévu	Retard effectif

Par chance …	Conséquence sur le retard

Fiche 11 — Le tour du monde en 80 jours, Jules Verne

Prénom : _____

Chapitres 16 et 17

1/ Les intentions des personnages dans le chapitre 16. Complète.

Fix

Ce qu'il veut faire de M. Fogg	Ce qu'il fait avec Passepartout

Passepartout

Ce qu'il fait.	Ce qu'il refuse de faire. Pourquoi ?

2/ Ch.17. « Fogg en était réduit à se passer de l'un et de l'autre ». Quels sont les 2 nouveaux obstacles ?

L'un : _____

L'autre : _____

3/ Les intentions des personnages dans le chapitre 17. Coche la bonne réponse. Aide-toi de la carte.

a) Fogg a trouvé une autre solution pour prendre le bateau qui part pour l'Amérique.

☐ Le pilote du *Tankadère* le mènera à Yokohama d'où part le bateau pour San Francisco, mais en risquant sa vie.

☐ Le *Tankadère* le mènera à Yokohama d'où part le bateau pour Shanghaï, avec 20 tonneaux.

☐ Le *Tankadère* le mènera à Shanghaï d'où part le bateau pour l'Amérique, en longeant les côtes.

b) Fix a peur de voir revenir Passepartout car :

☐ le domestique est ivre et il va se faire renvoyer.

☐ le domestique peut prévenir son maître que l'agent veut l'arrêter.

☐ il est parti sur un autre navire avec le mandat.

Fiche 12 — Le tour du monde en 80 jours, Jules Verne

Prénom : _____

Chapitres 18 et 19
Date : _____
Ecris le nom du bateau sur le dessin.

1/ Chapitre 18. Classe ces vents du moins intense au plus intense sur cette échelle lexicale, en t'aidant de leur définition.

_____
_____
_____
_____

- **brise** : vent peu violent qui souffle par temps calme.
- **tempête** : coup de vent violent accompagné d'orage et de pluie
- **bourrasque** : coup de vent violent survenant brusquement.
- **tornade, cyclone** : tourbillon de vent extrêmement violent.

2/ Chapitre 18. Trouve le sens du mot d'après son contexte :
Fogg allait gagner le continent américain où il mangerait tranquillement le million de la Banque.

_____
_____

3/ Chapitre 18. Dessine la solution trouvée pour rattraper le paquebot (2 choses).

4/ Chapitre 19. Dessine ce que fait Passepartout au Japon pour gagner un peu d'argent.

5/ Chapitre 19. Une fois que Passepartout n'est plus ivre, il se met à culpabiliser. Ecris ce qu'il pense.

The littérature 2, exploitations littéraires de romans et d'albums, cycle 3

Fiche 12bis — Le tour du monde en 80 jours.

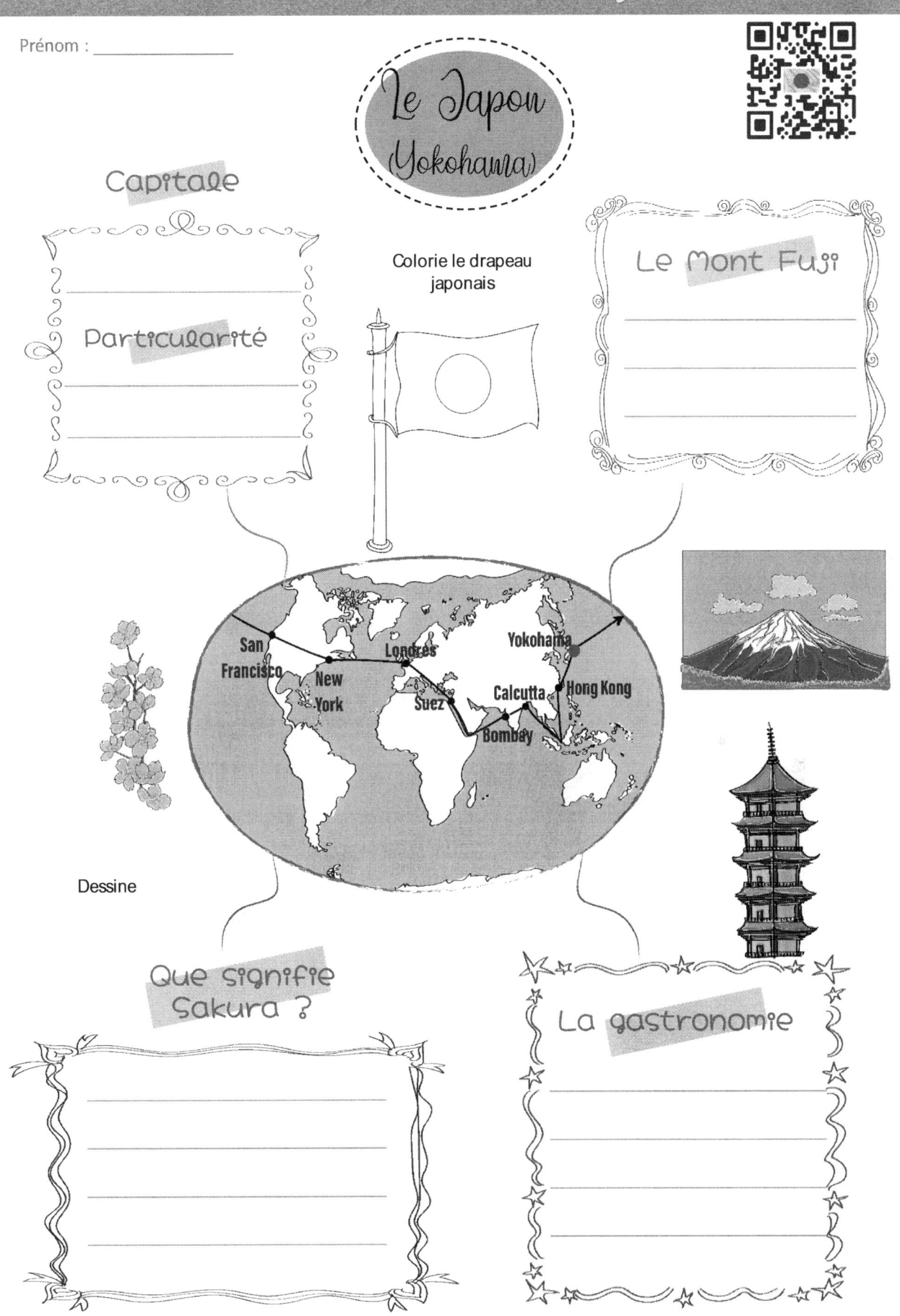

Prénom : _____

Le Japon (Yokohama)

Capitale

Particularité

Colorie le drapeau japonais

Le Mont Fuji

Dessine

Que signifie Sakura ?

La gastronomie

49

The littérature 2, exploitations littéraires de romans et d'albums, cycle 3

Fiche 13 — Le tour du monde en 80 jours. Jules Verne

Prénom : _____

Chapitres 20 et 21
Date : _____

1/ Chapitre 20. Inférences. Réponds aux questions avant d'en parler en classe.

a) Pourquoi M. Fogg met-il 550 livres dans la poche du pilote du *Tankadère* ?

_____
_____

b) Que signifie la phrase « Sa jeune compagne se sentait de plus en plus attachée à cet homme par d'autres liens que celui de la reconnaissance » ?

_____
_____

2/ Chapitre 20. Complète les prévisions de Phileas Fogg.

Temps prévu pour traverser le Pacifique	Arrivée prévue à San Francisco	Arrivée prévue à Londres

3/ Chapitre 20. Les intentions de Fix ont complètement changé. Complète.

Ce qu'il voulait faire avant.	Ce qu'il veut faire maintenant.

4/ Chapitre 21. Une fois que Passepartout n'est plus ivre, il se met à culpabiliser. Ecris ce qu'il pense.

Mots obligatoires :
Sioux
revolvers
train
précaution

The littérature 2, exploitations littéraires de romans et d'albums, cycle 3

Fiche 13bis — Le tour du monde en 80 jours.

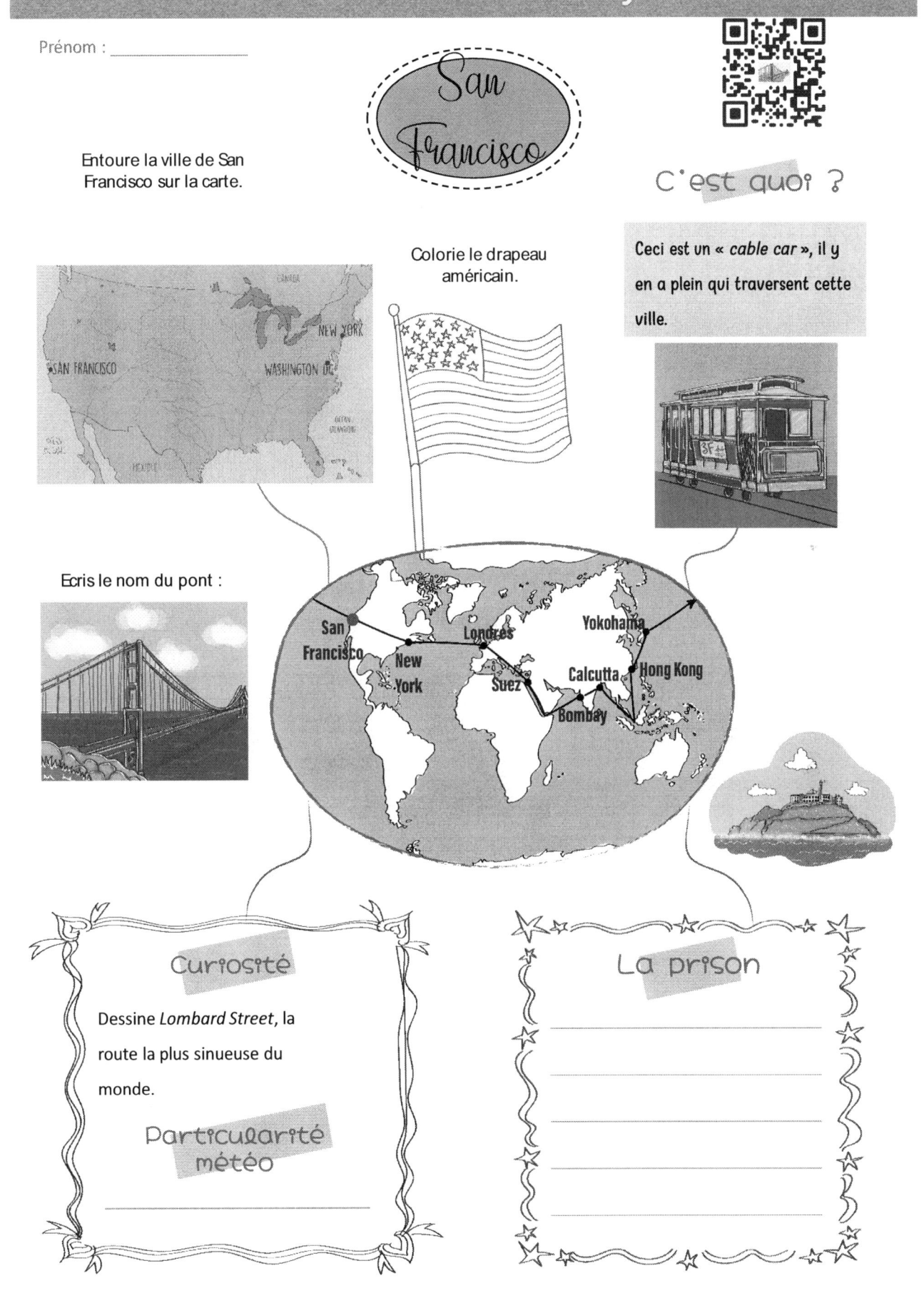

Prénom : _____

San Francisco

Entoure la ville de San Francisco sur la carte.

Colorie le drapeau américain.

C'est quoi ?

Ceci est un « *cable car* », il y en a plein qui traversent cette ville.

Ecris le nom du pont :

Curiosité

Dessine *Lombard Street*, la route la plus sinueuse du monde.

Particularité météo

_____

La prison

_____
_____
_____
_____
_____
_____

The littérature 2, exploitations littéraires de romans et d'albums, cycle 3

Fiche 14 — Le tour du monde en 80 jours. Jules Verne

Prénom : _____

Chapitres 22, 23 et 24

Obstacles et solutions. Complète le tableau en suivant les péripéties du héros.

Obstacle	Solution	Retard ?
	Cette grande nappe blanche, heureusement, ne retarda pas le convoi.	Aucun.
	Aucune, le mécanicien doit attendre leur passage. Les écraser ne servirait à rien, si ce n'est à faire dérailler le train.	…………………… que l'on pourra rattraper en faisant accélérer le train.
	Les voyageurs se défendent avec courage, armés de leurs revolvers.	On ne sait pas.
Le mécanicien et le chauffeur du train se sont fait assommer : le train avance seul et la seule chance est d'atteindre Fort Kearney où l'armée peut leur venir en aide.		…………
Le train pour New York n'a plus de locomotive et le prochain ne passera que le lendemain.		…………, en réalité.
Fogg arrive à New York mais le bateau pour l'Angleterre, le *China*, est déjà parti …	Imagine …	…………

The littérature 2, exploitations littéraires de romans et d'albums, cycle 3

Fiche 14bis — *Le tour du monde en 80 jours.*

Prénom : _____

Les indiens d'Amérique

Les Sioux, les Cheyennes
De quoi vivent-ils ?
_____
_____

Autre nom :
_____

Les Iroquois
De quoi vivent-ils ?
_____
_____

Les Apaches, les Navajos
De quoi vivent-ils ?
_____
_____

Les Cherokees
De quoi vivent-ils ?
_____
_____

Point commun à toutes les tribus
_____
_____

Conséquence pour les colons
_____
_____

Temps mis par les colons pour les déposséder de leurs terres
_____
_____

Causes de leur disparition
_____
_____

The littérature 2, exploitations littéraires de romans et d'albums, cycle 3

Fiche 15 — Le tour du monde en 80 jours. Jules Verne

Prénom : _____

Chapitres 25, 26, 27
Date au ch. 26 : _____
Date et heure au ch. 27 : _____

1/ Surligne en vert les personnages qui ont aidé M. Fogg et en rouge, ceux qui se sont opposés à lui.

Passepartout - Sir Francis Cromarty - Fix - John Bunsby - Les Sioux - Mudge

2/ Inférences. Que penses-tu de l'aide de ces personnages dans les derniers épisodes ?

3/ Chapitre 27. Dessine ce que fait Phileas Fogg à Fix qui « n'avait que ce qu'il méritait ».

4/ Chapitre 27. Ecris quelles pensées peut bien avoir Phileas Fogg dans sa prison.

5/ Chapitres 25, 26, 27. Remets les phrases dans l'ordre des péripéties jusqu'à Liverpool.

	Fogg rachète l'*Henrietta* pour 60 000 dollars pour avoir le droit de détruire les parties en bois et pour les faire brûler. Tout le monde débite les parties en bois du bateau à coups de hache.
	Phileas Fogg est libéré car le véritable voleur avait été arrêté 3 jours plus tôt.
	Phileas Fogg prend le train pour Londres et arrive 5 mn trop tard pour gagner son pari.
	Fogg propose 8 000 dollars au propriétaire de l'*Henrietta* pour qu'il les emmène à Liverpool.
	Le bateau arrive le 21 décembre à Liverpool. Il ne reste que 6h pour gagner Londres.
	Fix arrête Phileas Fogg et le jette en prison.
	L'*Henrietta* va manquer de charbon et ne pourra pas arriver à temps à Liverpool.

Le tour du monde en 80 jours, Jules Verne

Fiche 15 annexe

Prénom : _____

Chapitres 25, 26, 27

Différenciation

5/ Découpe et colle les phrases dans l'ordre des péripéties jusqu'à Liverpool.

✂

Fogg rachète l'*Henrietta* pour 60 000 dollars pour avoir le droit de détruire les parties en bois et pour les faire brûler. Tout le monde débite les parties en bois du bateau à coups de hache.

Phileas Fogg est libéré car le véritable voleur avait été arrêté 3 jours plus tôt.

Phileas Fogg prend le train pour Londres et arrive 5 mn trop tard pour gagner son pari.

Fogg propose 8 000 dollars au propriétaire de l'*Henrietta* pour qu'il les emmène à Liverpool.

Le bateau arrive le 21 décembre à Liverpool. Il ne reste que 6h pour gagner Londres.

Fix arrête Phileas Fogg et le jette en prison.

L'*Henrietta* va manquer de charbon et ne pourra pas arriver à temps à Liverpool.

The littérature 2, exploitations littéraires de romans et d'albums, cycle 3

Fiche 16 — Le tour du monde en 80 jours, Jules Verne

Prénom : _____

Chapitres 28 à 30

1/ Ecris une carte postale à M. Fogg pour lui remonter le moral et dire ce que tu penses de cette aventure.

Post Card
AIR MAIL PAR AVION
Place Stamp here

2/ La fin, chapitre 28. Phileas Fogg perd et gagne à la fois.

Ce qu'il perd (2 choses)	Ce qu'il gagne

3/ Que ressens-tu ? _____
_____

4/ L'art du suspense, chapitre 29. Comment s'y prend l'auteur pour maintenir le suspense ?
_____
_____

5/ Flashback, chapitre 30. La vraie fin. Quel est le coup de théâtre ?

☐ Phileas Fogg a gagné son pari car il a obtenu un jour supplémentaire de ses amis du Reform Club.

☐ Phileas Fogg a gagné car il a oublié de tenir compte de la durée des jours qui diminuent en allant vers l'Est.

☐ Phileas Fogg est vainqueur car il a gagné un jour en traversant l'Atlantique grâce à la rapidité de l'Henrietta.

The littérature 2, exploitations littéraires de romans et d'albums, cycle 3

Fiche 16bis — Le tour du monde en 80 jours.

Prénom : _____

Le Trophée Jules Verne

C'est quoi ?
_____
_____

C'est inspiré par qui ?
_____
_____

Ça a été créé par qui ?
_____
_____

En quelle année ?
_____
_____

Qui a battu le record en 79 jours et 6h en 1993 ?
_____
_____

Qui détient le record en 45 jours et 13h ?
_____
_____

Le Spindrift Racing : quelle sorte de bateau ?
_____

Composition de l'équipage
_____
_____

Dangers
_____

Le balai magique, Chris Van Allsburg

Cet album évoque, au premier abord, la période d'Halloween et des sorcières, monde magique très apprécié des enfants. Pourtant, on est loin des stéréotypes un peu naïfs avec des potions et des formules magiques, et face aux attentes de lecture des élèves, le récit aura un côté inattendu et déstabilisant.

Chris Van Allsburg, l'auteur de Jumanji, porte un message de tolérance et de respect des différences, avec ce balai anthropomorphique victime d'exclusion et de discrimination pour cause de préjugés et de peur de l'inconnu. Le travail en EMC est tout trouvé, le récit est propice aux débats argumentés.

Le lecteur se prend d'affection pour ce balai inoffensif et très doué, tout comme la veuve Minna Shaw qui le recueille. Simple spectateur des machinations des voisins pour se débarrasser du balai, le lecteur ne sera complice qu'à la fin de la veuve, dont les ruses permettront au balai de survivre à une mort violente mais digne des méthodes pratiquées aux USA au XVIIe siècle, lors de chasses aux sorcières. Les morales à retirer sont claires : ne pas juger quelqu'un sans le connaître, utiliser la ruse plutôt que la violence est aussi efficace, utiliser la méchanceté n'est pas toujours gage de réussite.

Les illustrations typiques noir et blanc sur fond sepia de Chris Van Allsburg ajoutent un côté mystérieux et évoquent le passé. Elles complètent parfaitement le récit avec ses angles de vue qui nous déstabilisent.

Focus sur :
- Se confronter à l'étrange, au merveilleux
- La morale en question

Dans cette séquence de 6 séances, le travail porte sur les personnages, le lexique, la production d'écrits courts et les inférences. L'étude de l'album a été inspirée des travaux de **Marie-France Bishop** avec ***la lecture pas à pas***, où à chaque noeud de l'histoire, l'enseignant permet aux élèves d'accéder à la compréhension des inférences et à une représentation mentale cohérente du récit par une **clarification**, une **rétrospection** en s'appuyant sur ce qui s'est déjà passé, et une **anticipation** grâce aux éléments dont on dispose.

The littérature 2, exploitations littéraires de romans et d'albums, cycle 3

Le balai magique, Chris Van Allsburg

Organisation sur 3 semaines

	Etapes-clés du déroulement	Matériel, objectifs ciblés

Semaine 1	1/ Première & quatrième de couverture, page de garde.
	-Avant de commencer la lecture, **observation de la 1ᵉ et de la 4ᵉ de couverture**. Très peu d'indices : le balai a l'air d'un balai normal, on peut tout imaginer. Laisser les élèves imaginer pour créer des attentes de lecture : en quoi ce balai peut-il être magique ? A qui, à quoi peut-il servir ?
	-Préciser que **l'auteur** est aussi celui de Jumanji. Il écrit et illustre des récits fantastiques, en règle générale. Il est américain.
	-**Affiner en observant la page de garde** : le balai a une hache. Laisser les élèves imaginer qu'il est méchant, à la manière de M. Spivey qui jugera le balai aussi en le voyant. Trouver des synonymes de « méchant » (agressif, dangereux, malfaisant, malveillant, malintentionné, cruel, brutal, malhonnête, perfide).
	-**Affiner encore en observant la page 1** à côté du prologue : c'est un balai de sorcière, il vole, voilà en quoi il est magique. On reconnaît les stéréotypes de la sorcière : chapeau, cape, bottines. La présence de citrouilles autour du texte indique la période de l'automne et d'Halloween.
	-**Lecture silencieuse par les élèves.** Le PE lit à haute voix pour les élèves en difficulté pour le décodage, afin qu'ils puissent accéder à la compréhension et la travailler.
	-**Activité 1**. Relever les éléments qui annoncent une panne de balai.
	-**Récapitulation** de tout ce que l'on sait, collectivement, au tableau et/ou sur une affiche :
	   -**Qui ?** Le balai d'une sorcière, il vole, il va tomber en panne brutalement, il est peut-être dangereux.
	   -**Quand ?** L'automne, Halloween
	   -**Où ?** Dans le ciel, sur la Terre, aux USA (Chris Van Allsburg)
	   -**Situation problème** : le balai tombe en panne sans prévenir et précipite au sol la sorcière qui le pilotait.
	-**Anticipation** : que va-t-il se passer, selon vous ?
	-**Nourrissage culturel et production d'écrits** : rédiger une notice du balai magique et légender celui-ci en lui ajoutant des accessoires. Pour cela, s'aider d'une notice d'aspirateur ou des vidéos de balai magique d'Harry Potter, pour aider les élèves à se projeter. <u>Planifier l'écrit</u> : expliquer le lexique : puissance, temps de chauffe, accessoires. Ne pas oublier de légender le dessin.
	Différenciation possible : travail en binôme, pour rassurer les élèves en difficulté et pour favoriser le conflit socio-cognitif. Valoriser les productions en faisant lire les élèves. L'enseignant corrigera les erreurs d'orthographe avec ses élèves.
	
	-**Prolongement possible : langage oral, comprendre un document oral.** Ecouter une capsule vidéo pour mieux comprendre comment travaille l'auteur-illustrateur et faire une synthèse orale ou une carte mentale.
		1/ Fiche 1
		-album vidéoprojeté
		-notice d'aspirateur (dans le drive)
		
		Créer des attentes de lecture, lire un texte documentaire, travail sur les informations essentielles, le lexique, la production d'écrit court, l'imagination.
		
		Rappel. Lien de la playlist avec toutes les vidéos dans l'ordre :
		https://tinyurl.com/242xjjzb
		
		-Liens Youtube sur les balais magiques d'Harry Potter :
		https://tinyurl.com/jv3wxmyu
		https://tinyurl.com/yc6z9c63
		
		-Lien Youtube sur Chris Van Allsburg :
		https://tinyurl.com/56zn9vj6
		Aller dans les paramètres, activer les sous-titres et la traduction en français de ceux-ci. On peut également ralentir la vitesse de lecture.

The littérature 2, exploitations littéraires de romans et d'albums, cycle 3

Le balai magique, Chris Van Allsburg

	Etapes-clés du déroulement	Matériel, objectifs ciblés

Semaine 1	**2/ Lecture jusqu'à « la cime des arbres ».**
	-Rappel de la séance précédente : Qui ? Où ? Quand ? La situation-problème. Bien faire la différence entre ce qui a été étudié dans le livre et ce que les élèves ont imaginé. Ils ont souvent du mal à discerner les 2.
	-**Observer l'illustration - activité 1** : laisser les élèves réfléchir et compléter seuls ou en binôme. Mise en commun avec justification. Chris Van Allsburg aime bien dessiner ce que l'on n'a pas l'habitude de voir, ce qui est le cas ici, avec simplement des « parties » visibles de la sorcière. Pourquoi ? Quel effet ?
	-**Rétrospection** : que se passe-t-il sur cette image ? Rappel du prologue.
	-Noter la présence de la petite maison : à qui peut-elle être ?
	-**Observer l'illustration - activité 2 :**
	   Qui est-ce ? (une vieille femme, foulard, cheveux blancs). Peut-on trouver rapidement, à la lecture du texte ou de la fiche 2 (act. 3) son nom et son prénom ? (Minna Shaw, c'est une veuve. Expliquer le mot « veuve »).
	   Que voit-elle ? (la main de la sorcière qui semble demander de l'aide).
	–> Cette sorcière est un mystère : on la voit de dos, ou simplement ses habits, ou ses mains. Pourquoi, selon vous ? (ce n'est peut-être pas l'héroïne, donc, ça n'a pas d'importance).
	   Quelle est l'attitude de la vieille femme, son sentiment ? (surprise, main ouverte. On peut la comprendre, elle voit une sorcière !)
	   Laisser les élèves rédiger une phrase avec tout ce qui a été dit. Faire lire quelques phrases et compléter la sienne, si besoin.
	-**Lecture silencieuse du texte par les élèves jusqu'à « cicatrisé »**. Le PE lit à haute voix pour les élèves en difficulté pour le décodage, afin qu'ils puissent accéder à la compréhension et la travailler.
	-**Clarification-activité 3**. Qui est « la longue silhouette enveloppée d'une cape noire » ? (la sorcière).
	Comment ses blessures ont-elles pu cicatriser ? (Cape magique qui soigne).
	Retrouver la phrase du texte qui explique pourquoi Minna aide quand même la sorcière.
	Dictionnaire : chercher les sens de « brave » : gentille ou courageuse. Quel est le sens utilisé ici ?
	-**Observer l'illustration de la sorcière** : enfin on la voit en entier. Elle n'a pas l'air d'être méchante.
	-**Lecture silencieuse du texte par les élèves jusqu'à « la cime des arbres »**. Le PE lit à haute voix pour les élèves en difficulté.
	-**Clarification**. Quelle était l'intention de la sorcière en faisant un feu de brindilles et en mettant une mèche de cheveux ? (Appeler une autre sorcière pour qu'elle la localise et vienne la secourir).
	-**Rétrospection – activité 4.** Le texte dit que les 2 sorcières échangent quelques paroles. Comble les blancs : que se disent-elles, selon toi ?
	Planification : situation d'énonciation (1e personne du singulier, s'adresse à la 2e sorcière). S'entraîner à l'oral pour bien récapituler l'histoire du balai, pour bien comprendre l'intention de la sorcière d'abandonner son balai, et l'autre, de la ramener.
		2/ Fiche 2
		-album vidéoprojeté
		
		Travail sur les informations essentielles, le lexique, la production d'écrit court, les pensées des personnages, les inférences avec la lecture pas à pas : clarification, rétrospection, anticipation (Marie-France Bishop).

Le balai magique, Chris Van Alsburg

	Etapes-clés du déroulement	Matériel, objectifs ciblés
Semaine 2	**3/ Lecture jusqu'à « au piano ».** -Rappel de la séance précédente. Lexique : expliquer « inoffensif ». -**Observer l'illustration - activité 1** : laisser les élèves réfléchir et compléter seuls ou en binôme. Mise en commun avec justification. -**Lecture silencieuse du texte par les élèves jusqu'à « son travail » - activités 2 et 3 (clarification)**. Le PE lit à haute voix pour les élèves en difficulté. Lecture active : retrouver les phrases qui correspondent à l'illustration précédemment observée. Rechercher les phrases qui donnent l'impression que le balai est une personne, qu'il est vivant. -**Lecture silencieuse du texte par les élèves jusqu'à « au piano » - activité 4 (clarification)**. Le PE lit à haute voix pour les élèves en difficulté. Lecture active : retrouver les actions du balai, tout ce qu'il apprend à faire. Laisser les élèves travailler seuls ou en binôme, puis mise en commun. -**Rétrospection** : observer l'évolution des sentiments de Minna. Au début, elle en a peur, puis, elle culpabilise de l'empêcher de balayer (elle a de l'empathie pour lui), puis elle lui apprend des choses et n'a plus peur, elle apprécie même sa compagnie lorsqu'il lui joue du piano. -**Observer l'illustration suivante sans montrer le texte - activité 5 (anticipation)** : que se passe-t-il ou va-t-il se passer ? Laisser les élèves écrire en une phrase et créer une attente de lecture. On peut échanger ensuite sur les points de vue. (à première vue, le balai, a pris sa hache, c'est inquiétant, on peut penser que le balai est dangereux. Certains élèves pensent même que le balai détruit la maison de Minna. Les laisser juger que le balai est dangereux, juste sur un *a priori*). **4/ Lecture jusqu'à « pas longtemps ».** -Rappel de la séance précédente et de ce qui a été dit sur la dernière illustration. -**Lecture silencieuse du texte par les élèves jusqu'à « son travail » - activité 1 (clarification)**. Le PE lit à haute voix pour les élèves en difficulté. Lecture active : retrouver les phrases de Minna et de M. Spivey pour qualifier le balai. Tout s'oppose ! Pourquoi ? **(activité 2)** : laisser les élèves réfléchir seuls, échanger puis rédiger une phrase qui sera recopiée sur la fiche. La peur de l'inconnu est souvent la cause de réaction de méfiance et de colère. La magie a toujours fait peur. Minna voit le bon côté : elle est seule et le balai l'aide, pourquoi donc avoir peur ? -**Lecture silencieuse du texte par les élèves jusqu'à « nombre infini »**. Le PE lit à haute voix pour les élèves en difficulté. **Clarification** : noter la différence de point de vue entre les femmes et les hommes. Le balai ne tient pas une hache, il joue du piano et malgré tout, les hommes se méfient encore. Noter aussi ce que fait le balai qui donne l'impression que c'est une personne vivante : il va se promener, il balaye en s'en donnant à cœur-joie...	3/ Fiche 3 -album vidéoprojeté Travail sur les informations essentielles, le lexique, la lecture sélective, les inférences avec la lecture pas à pas : clarification, rétrospection, anticipation (Marie-France Bishop). 4/ Fiche 4 -album vidéoprojeté -cahier de brouillon Travail sur les informations essentielles, le lexique, la lecture sélective, la prise de notes, les inférences avec la lecture pas à pas : clarification, rétrospection, anticipation (Marie-France Bishop).

Le balai magique, Chris Van Allsburg

	Etapes-clés du déroulement	Matériel, objectifs ciblés
Semaine 3	-**Activité 3 (anticipation)** : M. Spivey a sûrement une idée derrière la tête. Que pourrait-il faire ? Laisser les élèves rédiger seuls puis échanger à l'oral pour justifier. Planifier : s'entraîner à l'oral, situation d'énonciation (1ᵉ personne du singulier). -**Observer les illustrations suivantes avant lecture - activité 4 (clarification)** : laisser les élèves réfléchir et compléter seuls ou en binôme. Mise en commun avec justification. Que font les enfants ? (Ils donnent des coups de bâton au balai) A qui est ce chien ? (aux enfants des voisins, on les voit). Que fait-il ? Il mord le balai alors celui-ci l'envoie dans le décor. Préciser que c'est le chien de l'auteur, Fritz, qu'il dessine toujours dans chacun de ses ouvrages de littérature de jeunesse. -**Lecture par le PE du texte jusqu'à « pas longtemps » - activité 5 (clarification)**. Ecoute active : noter les étapes de la violence, son escalade, jusqu'à ce que le balai craque. Il s'est passé plusieurs choses avant qu'il ne s'énerve. Mise en commun et recopier au propre, en partant du bas (escalade). -**Anticipation** : que va-t-il se passer ? (On suppose que M. Spivey va être encore plus en colère et va vouloir se débarrasser du balai, voire lui faire du mal). -**Débat oral – activité 6** : le balai est-il méchant ? Echange oral entre les élèves puis en fonction de ce qui a été dit, chacun rédige. Le PE corrigera les erreurs. Différenciation : rédiger collectivement une argumentation mettant en lumière les 2 points de vue de la classe, puis, recopier sur la fiche. **5/ Lecture jusqu'à « la porte des Spivey ».** -Rappel de la séance précédente. -**Lecture par le PE du texte jusqu'à « qu'elle disait » - activité 1 (rétrospection)**. Ecoute active pour expliquer la phrase de Minna « s'il est capable de faire de telles choses, nous devons nous en débarrasser ». Laisser les élèves réfléchir et rédiger leurs phrases. Mise en commun. Les laisser compléter si besoin. -**Anticipation – activité 2** : êtes-vous surpris que Minna réagisse ainsi et accepte de se débarrasser du balai ? (oui, car elle semblait attachée. Peut-être a-t-elle peur ou sait-elle qu'elle est trop vieille pour s'opposer à tous ces hommes. Certains élèves flairent la ruse qui se met en place). -**Lecture silencieuse du texte de l'activité 3 par les élèves jusqu'à « épicéa » (clarification)**. Le PE lit à haute voix pour les élèves en difficulté. Lecture active : relever les mots relatifs au bûcher / qui montrent que le balai va être brûlé comme un être vivant. Mise en commun. Noter que le chien va bien, ce n'état pas la peine de brûler le balai ! -**Apport culturel – activité 4** : la chasse aux sorcières en Europe et aux USA a longtemps existé. Tout comportement laissant penser qu'il y avait sorcellerie était puni de mort. La religion y était pour beaucoup avec la peur de l'Enfer et du Diable. Aux USA, il y eut l'épisode des **sorcières de Salem**, une ville près de Boston dans le Massachusetts, en 1692. Les femmes étaient les premières concernées, surtout si elles avaient des comportements étranges. C'est ce qui arriva à Salem où on vit des personnes ayant des convulsions et des hallucinations.	5/ Fiche 5 -album vidéoprojeté -gravures sur les sorcières (drive) Travail sur les informations essentielles, le lexique, la lecture sélective, la production d'écrit court, les inférences avec la lecture pas à pas : clarification, rétrospection, anticipation (Marie-France Bishop).

Le balai magique, Chris Van Allsburg

	Etapes-clés du déroulement	Matériel, objectifs ciblés
Semaine 3	On pense en réalité à une intoxication alimentaire dûe à un champignon ou une plante hallucinogène. Les personnes concernées ont été exécutées par pendaison. Mais au Moyen-Âge, en Europe, on brûlait les personnes accusées de sorcellerie. Laisser les élèves rédiger une phrase pour l'activité 4 ou rédiger avec les élèves une phrase récapitulant ce qui a été compris et retenu, recopier sur la fiche. -**Observation de l'illustration – activité 6 (clarification)** : laisser les élèves répondre seuls. Imaginer le sentiment de Minna, dont on ne voit pas le visage (tristesse, larmes etc ...) -**Lecture par le PE du texte jusqu'à « la porte des Spivey » (dans l'activité 7) - activité 6 (rétrospection)**. Pensez-vous que le balai puisse revenir en fantôme ? (Oui, il est magique / Non, il ne reste rien de lui / Non, c'est une ruse de Minna, elle a inversé les balais). -**Activité 7** : laisser les élèves relever les mots du champ lexical de la peur. Mise en commun. On retrouve l'atmosphère d'Halloween qui planait avec les citrouilles. 6/ Lecture jusqu'à « nouvel air » (la fin). -Rappel de la séance précédente. -**Observation de l'illustration – activité 1 (anticipation)** : laisser les élèves répondre seuls. Mise en commun. -**Lecture par le PE du texte jusqu'à « petite ferme » (rétrospection)**. Pourquoi les Spivey partent-ils ? -**Lecture silencieuse du texte de l'activité 2 par les élèves jusqu'à « nouvel air » (clarification)**. Le PE lit à haute voix pour les élèves en difficulté. Lecture active : relever les mots qui montrent la paix retrouvée. Les élèves relèvent les mots qui indiquent le calme. Mise en commun. -**Activité 4 (rétrospection)** : les élèves comprennent les ruses de Minna. Les laisser verbaliser ce qui s'est réellement passé. Les élèves rédigent leur phrase. -**Activité 3 (rétrospection)** : expliquer le sens de « brave » ici. Se rappeler qu'il y a deux sens. Ici, c'est le sens de « courageuse » qui est retenu. -**Activité 5** : les élèves colorient les morales correspondant au récit. Mise en commun avec justification. Laisser parler les élèves sur leur expérience personnelle en lien avec les morales retenues, pour qu'elles fassent sens. -**Activité 6 – EMC** : débat oral argumenté. Cette partie peut-être conduite en EMC. Un parallèle pourra être mené avec le texte *Rencontre* de Bernard Friot où là, à l'inverse, l'inconnu est dangereux mais le héros ne s'en est pas méfié. -**L'avis des élèves** : demander si le récit a plu, ce qu'ils ont aimé, pas aimé, leur passage préféré, s'ils ont encore des questions que l'on peut éclaircir. -**PROLONGEMENTS POSSIBLES** : écouter l'extrait de *Fantasia* avec les balais et Mickey. -Travail de *Jumanji* et *Zathura*, du même auteur, dans *The Littérature 1*. En bibliothèque, laisser d'autres ouvrages de Chris Van Allsburg. -Un **Visibileo** peut être fait sur l'intégralité de l'album pour comprendre les liens chronologiques et logiques ainsi que les intentions et les sentiments des personnages.	6/ Fiche 6 -album vidéoprojeté Travail sur les informations essentielles, le lexique, la lecture sélective, les inférences avec la lecture pas à pas : clarification, rétrospection, anticipation (Marie-France Bishop). -Lien d'un extrait de Fantasia : https://tinyurl.com/9hk24cpw -Liens Youtube M.F Bishop : Sur la lecture pas à pas : https://tinyurl.com/vrnvm56t Sur le Visibileo : https://tinyurl.com/2pp5ezt4

The littérature 2, exploitations littéraires de romans et d'albums, cycle 3

Fiche 1 — Le balai magique, Chris Van Allsburg

Prénom : _____

Prologue : pages 1 et 2

1/ Surligne les signes qui indiquent qu'un balai de sorcière va tomber en panne.

> Les balais des sorcières ne durent pas éternellement. Ils vieillissent. Même les meilleurs d'entre eux, un jour ou l'autre, finissent par perdre leur pouvoir magique et ne peuvent plus voler. Heureusement, cela n'arrive pas du jour au lendemain. Les sorcières savent très bien reconnaître les premiers signes de fatigue chez leurs balais. Les explosions soudaines d'énergie qui les propulsaient comme des flèches dans le ciel se mettent à faiblir. Les pas d'élan précédant le décollage deviennent de plus en plus nombreux. Des balais ultra-rapides qui, dans leur jeunesse, pouvaient battre des aigles à plate couture se font dépasser par des oies sauvages. Quand ce genre de chose arrive, toute bonne sorcière sait qu'il est temps d'abandonner son vieux balai et de s'en faire fabriquer un nouveau. Toutefois, il arrive – extrêmement rarement- qu'un balai perde tout son pouvoir d'un coup, sans prévenir, et tombe sec avec sa passagère droit vers la terre… C'est justement ce qui arriva par une nuit froide d'automne, il y a quelques années de ça.

2/ Après avoir lu la notice d'un aspirateur, rédige à ton tour la notice rapide d'un balai magique.

Les PLUS du produit :
_____
_____
_____
_____
_____
_____
_____

Puissance	
Autonomie	
Temps de chauffe	
Accessoires	

The littérature 2, exploitations littéraires de romans et d'albums, cycle 3

Fiche 2 — **Le balai magique, Chris Van Allsburg**

Prénom : _____

Pages 3 à 8. Donne un titre à ce passage :
_____

1/ Les illustrations pages 3 et 4.

a) Qui est-ce ? _____

b) Comment le sais-tu ? _____
_____

c) L'angle de vue : _____
_____

2/ Anticipation. Avant de lire, écris : que va voir la femme dans son potager, selon toi ?

_____
_____

3/ Clarification. Pourquoi la femme aide-t-elle quand même la sorcière ? Surligne la phrase du texte.

> Du haut du ciel éclairé par la lune, une longue silhouette enveloppée d'une cape noire vint s'abattre sur le sol en tourbillonnant. La sorcière, suivie de son balai fatigué, atterrit près d'une petite ferme blanche qui était la demeure d'une veuve appelée Minna Shaw. Au lever du jour, la veuve découvrit la sorcière étendue dans son potager. Ses blessures saignaient et elle ne pouvait pas se relever toute seule. En dépit de sa peur, et parce que c'était une brave femme, Minna Shaw aida la sorcière à entrer dans sa maison et la mit au lit. La sorcière demanda à Minna de fermer les rideaux, s'enroula dans sa grande cape et s'endormit profondément. Elle resta ainsi parfaitement immobile toute la journée et toute la soirée. Lorsqu'elle s'éveilla enfin, à minuit, ses blessures avaient complètement cicatrisé.

4/ Rétrospection. Comble les blancs. « Les 2 sorcières échangèrent quelques paroles ». Fais-les parler.

The littérature 2, exploitations littéraires de romans et d'albums, cycle 3

Fiche 3 — **Le balai magique, Chris Van Allsburg**

Prénom : _____

Pages 9 à 12. Donne un titre à ce passage : _____

1/ L'illustration page 10.

a) Qui est-ce ? _____

b) L'angle de vue : _____

2/ Clarification. A quel passage du texte correspond l'illustration ci-dessus ? Surligne les phrases.

> C'était un balai ordinaire à présent, exactement comme celui qu'elle avait dans la cuisine. Elle s'en servit pour balayer ici et là dans la maison et trouva qu'il n'était ni meilleur ni plus mauvais que celui qu'elle avait utilisé jusqu'alors. Un matin, Minna était encore au lit quand elle entendit du bruit dans la cuisine. Elle passa discrètement la tête par la porte et assista à une scène qui fit bondir son coeur. Le balai était là au milieu de la pièce, balayant le sol tout seul. Il s'arrêta un instant, se tourna vers la veuve, puis reprit son travail.

3/ Clarification. Dans ce même extrait, entoure puis recopie les phrases qui donnent l'impression que le balai est vivant.

_____
_____
_____

4/ Relève et écris toutes les actions du balai.

> Le soir venu, pour avoir un peu la paix, Minna enferma le balai dans un placard, mais, après qu'il eut tapé contre la porte pendant plus d'une heure, Minna se sentit coupable et le laissa sortir. Tandis que du fond de son lit elle écoutait le balai balayer chaque pièce l'une après l'autre puis tout recommencer, elle se demanda s'il ne pourrait pas apprendre à faire d'autres choses. Au matin, elle emmena le balai dehors et constata qu'il était un élève exemplaire. Elle n'avait besoin de lui montrer comment faire quelque chose qu'une seule et unique fois. Bientôt le balai sut fendre du bois, aller chercher de l'eau, nourrir les poules et mener la vache au pâturage. Il apprit même à jouer quelques mélodies toutes simples au piano.

_____
_____
_____
_____

5/ Anticipation. Le balai apprend vite et s'entête à ne faire que ce qu'il veut. Selon toi, que serait-il capable de faire ?

_____

Le balai magique, Chris Van Allsburg

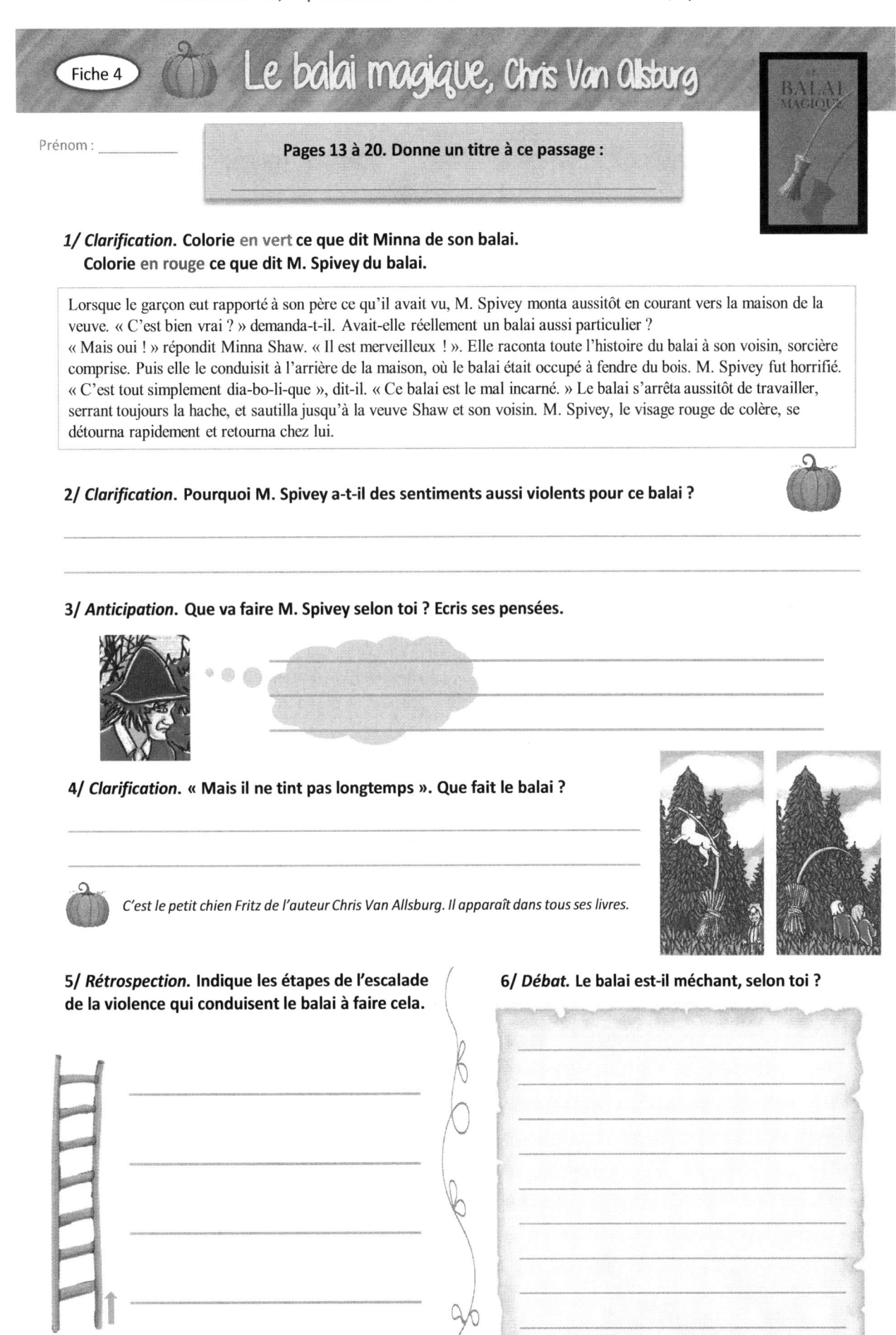

Fiche 4

Prénom : _____

Pages 13 à 20. Donne un titre à ce passage :
_____

1/ Clarification. Colorie en vert ce que dit Minna de son balai.
Colorie en rouge ce que dit M. Spivey du balai.

> Lorsque le garçon eut rapporté à son père ce qu'il avait vu, M. Spivey monta aussitôt en courant vers la maison de la veuve. « C'est bien vrai ? » demanda-t-il. Avait-elle réellement un balai aussi particulier ?
> « Mais oui ! » répondit Minna Shaw. « Il est merveilleux ! ». Elle raconta toute l'histoire du balai à son voisin, sorcière comprise. Puis elle le conduisit à l'arrière de la maison, où le balai était occupé à fendre du bois. M. Spivey fut horrifié. « C'est tout simplement dia-bo-li-que », dit-il. « Ce balai est le mal incarné. » Le balai s'arrêta aussitôt de travailler, serrant toujours la hache, et sautilla jusqu'à la veuve Shaw et son voisin. M. Spivey, le visage rouge de colère, se détourna rapidement et retourna chez lui.

2/ Clarification. Pourquoi M. Spivey a-t-il des sentiments aussi violents pour ce balai ?

_____
_____

3/ Anticipation. Que va faire M. Spivey selon toi ? Ecris ses pensées.

4/ Clarification. « Mais il ne tint pas longtemps ». Que fait le balai ?

_____
_____

C'est le petit chien Fritz de l'auteur Chris Van Allsburg. Il apparaît dans tous ses livres.

5/ Rétrospection. Indique les étapes de l'escalade de la violence qui conduisent le balai à faire cela.

6/ Débat. Le balai est-il méchant, selon toi ?

The littérature 2, exploitations littéraires de romans et d'albums, cycle 3

Fiche 5 — Le balai magique, Chris Van Allsburg

Prénom : _____

Pages 21 à 24. Donne un titre à ce passage : _____

1/ *Rétrospection*. « S'il est capable de faire de telles choses, nous devons nous en débarrasser ».
De quelles choses parle Minna ?

2/ *Anticipation*. Penses-tu possible que Minna laisse les voisins se débarrasser du balai ?

3/ *Clarification*. Surligne les phrases et les mots en lien avec « le bûcher ».

> Ils ouvrirent la porte du placard, découvrant le balai endormi. L'un des fermiers le sortit de là et, très doucement, le maintint contre le pieu, tandis que les autres l'attachaient solidement avec des mètres de corde. Ils sortirent le balai, enfoncèrent le pieu dans la terre, et amassèrent de la paille tout autour. M. Spivey mit le feu au bûcher. En un clin d'oeil, les flammes changèrent le balai en tas de cendres. La vie reprit bien vite son cours normal aux alentours de la ferme de Minna Shaw. Les Spivey retrouvèrent même leur chien sain et sauf mais affamé, dans les braches d'un épicéa.

4/ Qui brûlait-on sur le bûcher au XVIIe siècle en Europe et en Amérique ?

Aux USA, il y a eu une chasse aux sorcières en 1692, avec pendaison des accusées.

5/ L'illustration page 23.

- Qui est-ce ? _____
- Que regarde Minna ? : _____

6/ *Rétrospection*. Serait-ce possible que le fantôme du balai revienne, selon toi ?

7/ *Clarification*. Surligne les mots et les groupes de mots du champ lexical de la peur.

> Puis, un matin, Minna Shaw rendit visite à ses voisins pour leur annoncer une nouvelle effrayante. Elle avait vu le fantôme du balai. Il était blanc comme neige et se promenait par les bois la nuit en portant une hache. M. Spivey ne la crut pas. Mais, cette nuit-là, alors que la pleine lune montait dans le ciel, il aperçut par la fenêtre le balai blanc qui, sortant des bois, se mit à tourner autour de sa maison. Le soir suivant, le balai était à nouveau là, rôdant encore plus près de sa ferme ; et la nuit d'après, il revint encore et donna un léger coup de hache contre la porte des Spivey.

The littérature 2, exploitations littéraires de romans et d'albums, cycle 3

Fiche 6 — **Le balai magique, Chris Van Allsburg**

Prénom : _____

Pages 25 à la fin. Donne un titre à ce passage : _____

1/ *Anticipation.* L'illustration page 28.

- Qui est-ce ? _____
- Qui devine-t-on ? _____
- Pourquoi Minna a-t-elle l'air si serein ? : _____

2/ *Clarification.* Surligne les phrases et les mots qui montrent le calme retrouvé.

Elle descendit au bas du chemin pour souhaiter bon voyage à ses voisins et leur fit signe de la main. « Vous êtes une brave femme ! » lui cria M. Spivey. Le soir même, la veuve s'endormit dans son fauteuil près de la cheminée. Elle avait passé la soirée à écouter des mélodies toutes simples jouées sur le piano une touche à la fois. Un petit tapotement sur l'épaule l'éveilla. Elle leva les yeux et sourit au balai, qui n'était pas du tout un fantôme, mais qui portait encore la couche de peinture blanche qu'elle lui avait appliquée. « Tu joues si joliment », dit Minna Shaw. Le balai fit une révérence, mit une bûche dans le feu et joua un nouvel air.

3/ *Rétrospection.* Pourquoi M. Spivey dit-il à Minna « Vous êtes une brave femme » ?

_____
_____

4/ *Rétrospection.* Comble les blancs : que signifie la phrase « Elle leva les yeux et sourit au balai, qui n'était pas du tout un fantôme, mais qui portait encore la couche de peinture blanche qu'elle lui avait appliquée ».

_____
_____

5/ *Clarification.* Colorie les morales possibles de cette histoire.

Mieux vaut utiliser la ruse pour vaincre plus fort que soi.	Il ne faut pas se fier aux flatteurs.
La raison du plus fort est toujours la meilleure.	Il arrive que l'on craigne ce que l'on ne connaît pas.
Il faut connaître quelqu'un avant de le juger.	La curiosité est un vilain défaut.

6/ *Débat.* Ce qui est inconnu est-il dangereux ? (Compare avec le texte *Rencontre* de Bernard Friot).

Orphée et la morsure du serpent, Yvan Pommaux

Cet album fait référence à la mythologie grecque. Il est accompagné, à la fin, d'un lexique mythologique assez riche qui permettra de donner une première culture aux élèves. En effet, nombreuses sont les références à la mythologie dans les romans actuels, dans les films ou les expressions utilisées dans le langage courant (*un Apollon, remplir les tonneaux des Danaïdes, invoquer les muses, un vrai cerbère, etc*). La mythologie peut donc se fondre aisément à l'interdisciplinarité, en la liant aux arts visuels et aux arts de la scène. Elle permet également d'aborder les grandes questions de l'existence et d'aider les élèves à formuler leurs peurs et leurs incertitudes.

Magnifiquement illustré, le mythe est conté de manière poétique par Yvan Pommaux, auteur de *John Chatterton détective*. Le livre a reçu le prix des jeunes lecteurs de Haute Corse. L'histoire d'Orphée bouleverse les codes des récits habituels étudiés en classe. Le héros de la mythologie grecque est fils ou descendant de dieux, il poursuit une quête, triomphe d'épreuves et bénéficie de la faveur des dieux. Pour Orphée, c'est une histoire d'amour avec des épreuves qui se termine de manière tragique.

Focus sur :
- Se confronter à l'étrange, au merveilleux
- Vivre des aventures

Dans cette séquence, le travail porte sur les personnages, le lexique, la production d'écrits courts, l'anticipation, l'émission d'hypothèses, la prise de notes, les inférences, le rappel de récit et la lecture à haute voix.

La séquence est prévue pour 4 semaines, à raison de 2 séances par semaine, mais vous pouvez prévoir 3 ou 4 séances hebdomadaires pour aller plus vite, car les élèves auront du plaisir à avancer quotidiennement dans l'histoire où chaque chapitre s'achève sur un moment de suspens.

Orphée et Eurydice, Yvan Pommaux

Organisation sur 4 semaines

	Etapes-clés du déroulement	Matériel, objectifs ciblés
Semaine 1	**1/ Première et quatrième de couverture.** -Avant de commencer : demander aux élèves d'écrire sur une feuille tout ce qu'ils connaissent sur la mythologie grecque. Mise en commun pour noter les connaissances des élèves et les utiliser plus tard, ou pour corriger les erreurs. -**Observation collective de la première de couverture** (au vidéoprojecteur) et échange oral. Commencer à prendre des notes sur la fiche 1 pour l'époque (observer les vêtements d'Orphée et faire le lien avec l'Antiquité, époque de la mythologie grecque). Certains élèves connaissent Cerbère, le chien à 3 têtes : écouter ce qu'ils ont à dire. -**Lecture par l'enseignant de la quatrième de couverture.** Question orales : qu'apprend-on dès le départ sur Orphée et Eurydice ? Que signifie « qui recommence » ? Quel temps est employé ? (la même histoire se produit au présent) Qui raconte l'histoire d'Orphée ? -**Prise de notes** sur Orphée et la situation-problème sur la fiche 1, à partir de la relecture de la quatrième de couverture par l'enseignant. Mise en commun. Compléter ses notes, formuler des phrases correctes puis les écrire. -**Observation collective de l'illustration de la quatrième de couverture.** Parler des couleurs et en déduire qu'il s'agit probablement du Royaume des morts. Compléter la fiche pour « les lieux ». -**Lexique** : lecture par l'enseignant à la fin du livre de « Thrace (situer sur un planisphère), muses, Hadès et Perséphone (Royaume des morts). Commencer à relever, dans un carnet de vocabulaire, les définitions en plus court. Jeu de devinettes entre élèves (exemple : elles sont les filles de Zeus et divertissent les dieux de l'Olympe, elles sont des ... muses) -**Prolongement facultatif** : présentation des dieux grecs. **2/ Du début de l'histoire à la page 18.** -Rappel de la séance précédente. -Avant de conter l'histoire, poser les 3 questions de l'activité 1 (fiche 2) aux élèves pour une écoute active. -**Lecture l'enseignant des pages 7 à 11**, en montrant les illustrations. Répondre aux 3 questions à l'oral puis à l'écrit (activité 1). -Définir chaque personnage par une action sur l'ardoise : Aristée, la mariée, le marié. Mise en commun. -Faire l'activité 2 sur la fiche 2. -**Lexique** : lecture par l'enseignant à la fin du livre des mots « grâces », « Apollon », « Calliope ». -**Lecture l'enseignant des pages 12 à 18.** Les élèves doivent se préparer à entourer les bonnes réponses de l'activité 3 pendant l'écoute. -Faire écouter un morceau de lyre. -**Activité 4.** Mise en commun. Utiliser le dictionnaire en cas de mot inconnu. -**Activités 5 et 6.** On peut faire quelques phrases à l'oral pour lancer l'écriture.	1/ Fiche 1, album, petit carnet de vocabulaire (ou fiche de classeur) Travail sur les informations essentielles, les inférences, la prise de notes, le lexique, le débat oral interprétatif, les connexions avec d'autres œuvres et avec ses connaissances personnelles. Lien vidéo présentation des dieux grecs : https://tinyurl.com/hn33p7bm Rappel. Lien de la playlist avec toutes les vidéos dans l'ordre : https://tinyurl.com/242xjjzb 2/ Fiche 2, album -Lien Youtube : https://video.link/w/LhpDd Travail sur les informations essentielles, les inférences, la prise de notes, le lexique, le débat oral interprétatif, la production d'écrits courts.

Orphée et Eurydice, Yvan Pommaux

Organisation sur 4 semaines

	Etapes-clés du déroulement	Matériel, objectifs ciblés
Semaine 2	**3/ Pages 19 à 21.** -Avant de commencer : rappel de tout ce qu'on sait sur Orphée, par des élèves volontaires. -**Lexique** : lecture par l'enseignant à la fin du livre des mots « aède », « chlamyde ». Montrer les illustrations du livre présentant la chlamyde. -**Exercice 1 de la fiche 3.** Différenciation : les élèves peuvent travailler en binôme. Lecture à haute voix de quelques élèves volontaires. Correction individualisée du brouillon avant copie au propre. -**Lecture par l'enseignant des pages 19 à 20.** Expliquer les passages du poème qui posent problème et le relire encore une fois à haute voix. -**Débat oral** : quel est le contenu des chants d'Orphée ? Que signifie « une part d'ombre » ? Certains élèves feront le parallèle avec le film Star Wars et « le côté obscur ». Pourquoi « contrôler la violence et ne jamais l'exercer » ? : débat oral. -**Montrer au vidéoprojecteur les illustrations avec les yeux p.21**, pour rechercher qui est Eurydice, grâce à la lecture de l'enseignant. Noter les mots qui ont aidé chacun à trouver la bonne réponse. Mise en commun. -Finir les exercices de la fiche 3. **4/ Pages 22 à 26.** -Avant de commencer : rappel de l'histoire, par des élèves volontaires. -**Montrer uniquement les illustrations pages 22 et 23**, sans le texte. Demander aux élèves de compléter les deux premiers tableaux de l'exercice 1 : ce que je vois (description), ce que j'imagine, notamment pour l'image p.23. Insister sur ce que fait chaque femme et essayer de trouver la symbolique. Mise en commun. -**Lecture du texte pages 22 et 23** par l'enseignant. Faire remarquer que p.22, il y a des phrases très courtes, l'histoire va très vite. Demander aux élèves pour quelle raison ? Compléter le troisième tableau : ce que j'ai appris avec le texte (notamment sur les Moires). **Lexique** : lire la définition des Moires. -**Montrer les illustrations pages 24-25.** Les élèves remarquent que cela ressemble beaucoup au début de l'histoire. Observer le regard d'Aristée et la réaction d'Eurydice. Lecture du texte par l'enseignant. Chercher les ressemblances et les différences avec le début de l'histoire. Compléter les questions 2 et 3 de la fiche. -**Lecture page 26, par l'enseignant.** Lire les gestes de secours sur la fiche 4 et compléter la question 4. Mimer les gestes de secours et répondre aux questions des élèves.	3/ Fiche 3, album, petit carnet de vocabulaire (ou fiche de classeur) Travail sur les informations essentielles, les inférences, la prise de notes, le lexique, le débat oral, les connexions avec d'autres œuvres ou avec ses connaissances personnelles. 4/ Fiche 4, album Travail sur les inférences et sur les illustrations, la production d'écrit court, le lexique, le débat oral interprétatif, les connexions avec ses connaissances personnelles.

Orphée et Eurydice, Yvan Pommaux

Organisation sur 4 semaines

	Etapes-clés du déroulement	Matériel, objectifs ciblés
Semaine 3	**5/ Pages 27 à 36.** -Avant de commencer : rappel de l'épisode de la mort d'Eurydice. -**Lexique** : lecture par l'enseignant à la fin du livre des mots « La Laconie, Le Cap Ténare », « Le Styx, le Tartare, les Champs Elysées, Charon, Cerbère ». Faire reformuler par les élèves. -**Lecture par l'enseignant de la page 27**. Répondre à la question 3 de la fiche 5. -**Lecture par l'enseignant des pages 28 à 36**. Consigne : dessiner le périple d'Orphée jusqu'aux Enfers. A chaque page, l'enseignant fait une pause pour laisser le temps de dessiner. On peut faire le point des éléments essentiels à retenir, à l'oral, avant le dessin. Laisser du temps pour légender. Différenciation possible : l'enseignant rappelle les mots importants à utiliser. -Mise en commun, avec affichage des dessins. -Activité 1 de a fiche 5. **6/ Pages 37 à 40.** -Avant de commencer : rappel de l'histoire, par des élèves volontaires. -**Lecture par l'enseignant de la page 37**. Montrer un épisode d'Harry Potter avec le chien Fluffy. Chercher les points communs et compléter l'activité 2 de la fiche 6. -**Lecture par l'enseignant des pages 38 à 40**. Faire reformuler par les élèves. -**Lexique** : lecture par l'enseignant à la fin du livre des mots « Tartare, Sisyphe, Tantale, Les Danaïdes, Hadès, Perséphone ». -Faire les activités 3 et 1 de la fiche. -**Connexion à d'autres œuvres**. Présenter l'opérette *Orphée aux Enfers* ou faire lire le document 4 en montrant les affiches au vidéoprojecteur (disponibles sur Wikipedia). Faire écouter l'extrait et faire parler les élèves sur leurs sentiments en écoutant la musique, en axant la réflexion sur les instruments et le tempo. -Compléter l'activité 4. **PROLONGEMENT POSSIBLE** : travail en musique sur les différents instruments de l'orchestre à partir de l'extrait Youtube d'*Orphée aux Enfers*.	5/ Fiche 5, album Travail sur les informations essentielles, la reformulation, les inférences, les illustrations, le lexique, la production d'écrits courts. 6/ Fiche 6, album -Liens Youtube : https://tinyurl.com/3fuvfe97 https://tinyurl.com/v3crzrb2 Travail sur les inférences et sur les illustrations, le lexique, le débat oral interprétatif, les connexions avec d'autres oeuvres.

Orphée et Eurydice, Yvan Pommaux

Organisation sur 4 semaines

	Etapes-clés du déroulement	Matériel, objectifs ciblés
Semaine 4	**7/ Pages 41 à 47.** -Avant de commencer : rappel de l'épisode de la mort d'Eurydice. -**Lecture par l'enseignant des pages 41 à 43.** Avant la lecture, poser les 3 questions de l'activité 1, pour une écoute active. Laisser les élèves répondre, puis mettre en commun et compléter ses réponses. -**Montrer de loin la page 44** : il y a toute une série de questions. Quelles questions Orphée peut-il bien se poser ? **Faire l'activité 2.** -**Lecture par l'enseignant des pages 45 à 47.** Que s'est-il passé avec Eurydice ? Pourquoi ? Pourquoi Charon lui refuse-t-il sa barque, cette fois ? Que devient Orphée ? -**Faire l'activité 3** et correction collective avec retour au texte lu par l'enseignant. -**Lexique** : lecture par l'enseignant à la fin du livre des mots « Hypnos, Thanatos, ». Faire reformuler par les élèves. Les élèves feront peut-être référence au dieu « Thanos » de l'univers Marvel, largement inspiré de la mythologie grecque. -**Faire écouter la légende Perséphone**, avant de lire l'histoire. Faire reformuler par des élèves volontaires. **8/ Pages 48 à la fin.** -Avant de commencer : rappel de la fin de l'histoire, par des élèves volontaires. -**Lecture par l'enseignant de la page 48 jusqu'à la fin.** Noter les aspects cruels de la mythologie grecque. -**Lexique** : lire le mythe d'Atalante. Expliquer qui sont les furies, les nymphes de Dyonisos, le dieu du vin. Leur rôle était de chanter, de danser et de divertir pendant les fêtes en honneur de Dyonisos. Elles étaient excessives dans leurs démonstrations qui allaient souvent jusqu'à la fureur. Excédées de voir qu'Orphée est toujours amoureux d'Eurydice, les furies déchiquetèrent son corps et le jetèrent à l'eau -**Montrer l'œuvre d'art** (le vase antique grec) et demander quel épisode il représente (c'est la mort d'Orphée). Justifier. Ce vase, qui servait à conserver le vin, est exposé au musée du Louvre. -**Jeu de l'oie** par groupes de 3 ou 4, pour réviser et consolider le lexique appris avec l'histoire d'Orphée et Eurydice. Jouer plusieurs fois dans la semaine, avec des camarades différents. C'est la répétition qui favorisera la mémorisation. **PROLONGEMENT POSSIBLE :** En arts plastiques, fabriquer un jeu de l'oie uniquement sur l'histoire d'Orphée et Eurydice.	5/ Fiche 7, album -Lien Youtube : https://tinyurl.com/553d9dwk Travail sur les informations essentielles, la reformulation, les inférences, le lexique, la production d'écrits courts. 8/ Fiche 8, album, Photo du vase grec Travail sur le lexique et les connexions avec d'autres oeuvres.

The littérature 2, exploitations littéraires de romans et d'albums, cycle 3

Fiche 1 — Orphée et Eurydice, Yvan Pommaux

Première et quatrième de couverture

Prénom : _____

Lexique
- Muses
- Thrace
- Royaume des Morts (Hadès et Perséphone)

1/ Relève les indices donnés pour chaque catégorie.

Les personnages : ce que tu sais d'eux, leur description, leurs relations

Les lieux

L'époque (justifie)

La situation - problème

The littérature 2, exploitations littéraires de romans et d'albums, cycle 3

Fiche 2 — *Orphée et Eurydice, Yvan Pommaux*

Prénom : _____

Du début à la page 18

Lexique
- Les grâces
- L'Olympe
- Apollon
- Calliope

1/ Réfléchis à ces questions avant d'en parler en classe (pages 7 à 11).

- A quelle époque se passe cette partie de l'histoire ? _____

- Quelle phrase te permet d'en être sûr(e) ? _____

- A quel moment bascule-t-on dans un autre temps ? _____

2/ Que pense la mariée, fâchée d'avoir entendu le jeune homme lui murmurer des mots d'amour ?

3/ Ecoute un morceau de lyre.

- **Voici les 7 arts** : entoure ceux qu'Orphée maîtrise parfaitement (p. 12 à 18)

> Architecture – Sculpture – Arts visuels (dessin, peinture)
> Musique – Littérature (poésie, récit)
> Arts de la scène (chant, théâtre, danse, cirque) - Cinéma

4/ Des adjectifs pour qualifier Orphée. Souligne ceux qui conviennent.

envoûtant - ennuyant - captivant - ensorcelant - amusant - maladroit - cruel - charmant - séduisant - solitaire - virtuose - talentueux - jaloux - subjuguant

5/ *Il fut sans doute le premier chanteur à provoquer la pâmoison chez les jeunes filles.* **(p. 18)** Connais-tu d'autres chanteurs qui provoquent la même chose, à notre époque ? _____

6/ Les êtres vivants ou non-vivants ont des réactions très humaines en écoutant Orphée. Imagine ce que pourraient faire les bateaux, le vent, ou le soleil ?

_____
_____
_____

The littérature 2, exploitations littéraires de romans et d'albums, cycle 3

Fiche 3 — Orphée et Eurydice, Yvan Pommaux

Prénom :

Pages 19 à 21

Lexique
- Les aèdes
- Une chlamyde

1/ Avant de lire la page 19, rappelle-toi ce que tu sais sur Orphée.

Reprends quelques adjectifs de l'exercice 5 de la fiche 2. Utilise aussi les mots : aède, une chlamyde, théâtre, lyre, chant, poésie, mystère, l'assistance, frissons.

2/ *Il tentait d'expliquer le monde ... Accepter sa part d'ombre, la violence qu'on a en soi, mais la contrôler, ne jamais l'exercer.* **Et toi, as-tu une part d'ombre et de violence que tu aimerais laisser exploser parfois ? Dans quels cas ?**

3/ Complète le portrait d'Orphée. Qu'apprends-tu sur lui (portrait physique et portrait moral) ?

4/ Page 21. Quel détail t'a aidé(e) à reconnaître le regard d'Eurydice ?

5/ Orphée et Eurydice se complètent à merveille. Explique pourquoi.

6/ Entraîne-toi à lire à haute voix le poème p. 19.

The littérature 2, exploitations littéraires de romans et d'albums, cycle 3

Fiche 4 — *Orphée et Eurydice, Yvan Pommaux*

Prénom : _____

Pages 22 à 26

Lexique
- Les Moires

1/ Observe les illustrations des pages 22 et 23. Complète, puis écoute la lecture du texte.

Ce que je vois	Ce que j'imagine	Ce que j'ai appris avec le texte

2/ Quels points communs vois-tu entre la scène p. 24-25 et celle du début ?

3/ Quelles différences fais-tu entre la scène p. 24-25 et celle du début ?

Le savais-tu ? En cas de morsure de serpent.
Quels que soient les symptômes provoqués par la **morsure de serpent**, il est nécessaire d'appeler les secours. En les attendant, il est recommandé de : rassurer la victime, la placer en position latérale de sécurité si elle perd connaissance, immobiliser le membre mordu, si possible désinfecter la plaie à l'aide d'un antiseptique. A l'inverse, certains comportements seraient dangereux : il ne faut jamais poser de garrot, ne jamais sucer la plaie, ne jamais l'inciser, ne jamais appliquer de glace ou de pommade et éviter d'utiliser les kits anti-venins qui sont souvent inefficaces.

4/ Quel est le geste d'Orphée qui te semble inutile pour sauver Eurydice ?

5/ Avec un camarade qui joue le rôle de la victime, entraînez-vous aux gestes de secours en cas de morsure de serpent.

Fiche 5 — Orphée et Eurydice, Yvan Pommaux

Pages 27 à 36

Prénom : _____

Lexique
- La Laconie
- Le Cap Ténare
- Le Styx
- Le Tartare / Les Champs Elysées
- Charon
- Cerbère

1/ Donne un titre à cet épisode. _____

2/ Quel est le plan d'Orphée ? (p. 27) _____

3/ Ecoute la lecture et <u>dessine</u> le paysage le long du trajet que suit Orphée pour aller aux Enfers.

3/ <u>Légende</u> ton dessin en réutilisant les mots de vocabulaire que tu as appris.

Fiche 6 — Orphée et Eurydice, Yvan Pommaux

Prénom : _____

Pages 37 à 40

1/ Donne un titre à cet épisode. _____

2/ Je fais des connexions. Regarde cet épisode d'Harry Potter et explique les points communs avec l'épisode d'Orphée p. 37

3/ J'exerce ma mémoire. Relie chaque personnage à leur condamnation au Royaume des morts.

- Tantale
- Les Danaïdes
- Sisyphe

- Remplir des tonneaux percés.
- Tenir des fruits qui disparaissent alors qu'il est affamé.
- Pousser un rocher jusqu'en haut d'une montagne alors qu'il redescend toujours.

Lexique
- Tartare
- Sisyphe
- Tantale
- Les Danaïdes
- Hadès
- Perséphone

4/ Je fais des connexions avec l'art. Si tout parait sombre dans le Royaume des morts, ce n'est pas le cas dans l'opérette *Orphée aux Enfers*, sur une musique du grand compositeur **Offenbach**.

Dans cet **opéra-comique**, on raconte la séparation imaginaire d'Orphée et Eurydice. Celle-ci est à nouveau conduite au Royaume des morts et Orphée devra retourner la chercher. Tu connais sûrement la musique joyeuse du *Galop infernal*, qui a été reprise pour danser le célèbre *French Cancan*.

Mon avis sur la musique
_____
_____
_____
_____
_____

The littérature 2, exploitations littéraires de romans et d'albums, cycle 3

Fiche 7 — *Orphée et Eurydice, Yvan Pommaux*

Prénom : _____

Pages 41 à 47

Lexique
- Hypnos
- Thanatos

1/ Réponds aux questions avant d'en parler en classe.

a) Quel avantage possède Orphée, selon Hadès ? _____

b) Quelle épreuve doit endurer Orphée ? _____

c) Quel geste malheureux fait Orphée ? _____

2/ Quelles questions Orphée peut-il bien se poser ?

3/ Les substituts. Ecris quel personnage est désigné par les mots surlignés.

Hadès, Perséphone, Orphée, Eurydice.

La reine, d'un battement de cil, invite son époux à la clémence. _____

La reine, d'un battement de cil, invite son époux à la clémence. _____

Sa femme adorée ne semble pas le reconnaître, ni même le voir. _____

Sa femme adorée ne semble pas le reconnaître, ni même le voir. _____

C'est pourtant à elle que le roi s'adresse. _____

Va, suis ton mari ! _____

Et je dois, en toute justice, équilibrer cet avantage par une épreuve. _____

S'il désobéissait, tu reviendrais aussitôt parmi nous. _____

Orphée s'incline devant les maîtres des Enfers. _____

Il part suivi de sa transparente bien-aimée. _____

4/ Ecoute la légende d'Hadès et Perséphone.

Fiche 8 — Orphée et Eurydice, Yvan Pommaux

Lexique
- Atalante

ARRIVÉE

Parcours de questions (du DÉPART à l'ARRIVÉE) :

- Où vivent les dieux grecs ?
- Qui est le roi tout puissant des dieux grecs ?
- Comment s'appellent les 9 filles de Zeus chargées de distraire et de charmer les dieux grecs ?
- Comment s'appelle la muse, mère d'Orphée, dont la spécialité est la poésie ?
- Comment s'appellent les 3 filles de Zeus chargées de s'occuper des dieux grecs ?
- Quel Dieu offre sa lyre à Orphée ?
- Qu'est-ce qu'une chlamyde ?
- Qui sont les Aèdes ?
- Quel est le rôle de chaque Moire ? (il y en a 3)
- Comment se nomme le fleuve des Enfers ?
- Comment se nomme l'homme dans sa barque qui fait franchir le fleuve des Enfers ?
- Qu'est-ce qu'une obole ?
- Comment se nomme le chien à trois têtes, gardien des Enfers ?
- Qu'est-ce que le Tartare ?
- Dans la mythologie grecque, que sont les Champs Élysées ?
- À quoi sont condamnées les Danaïdes ?
- Comment se nomment le roi et la reine des Enfers ?
- Comment se nomme le dieu de la mort ?

DÉPART

Robin des bois, Karine Tournade

Alors que le bon Roi d'Angleterre Richard 1er est fait prisonnier lors d'une croisade, son frère, le Prince Jean, règne en despote et s'enrichit, en assaillant son peuple de taxes, par l'intermédiaire des barons, comme le comte de Gisborne assisté du cruel shérif de Nottingham. Un jeune noble, Robin de Loxley, va découvrir la souffrance du peuple. Accueilli par les opposants du shérif dans la forêt de Sherwood, il deviendra leur chef, luttera contre la tyrannie du shérif et récupèrera l'argent de la rançon pour rapatrier le Roi Richard-Cœur-de-Lion. Il sera aidé du moine Frère Tuck et du Forgeron Petit-Jean et il tombera amoureux de la belle Marianne.

Pour cela, le nom de Robin des Bois évoque l'aventure, la justice, la courage et l'amour. On retrouve le thème de l'oppression et de la cruauté contre lesquelles on lutte jusqu'au triomphe, mais avec panache et noblesse de cœur. C'est un classique du roman d'aventure, sur fond historique.

Robin des Bois est un héros légendaire du Moyen-Âge en Angleterre, sujet de la tradition orale et des chansons de gestes, au départ. Au XVIe siècle, il devient le héros de nombreux écrits que l'on place à l'époque de Richard 1er. Le côté moral peut être débattu car Robin des Bois est un voleur qui fait justice lui-même, en détroussant les riches pour donner aux pauvres. En cela, c'est un héros qui a également ses cotés sombres, ce qui diffère de l'archétype du héros aux multiples vertus.

Focus sur :
- Héros et héroïnes
- Vivre des aventures
- La morale en question

La séquence est prévue pour 7 semaines, à raison de 2 séances par semaine, mais vous pouvez prévoir 3 ou 4 séances hebdomadaires pour aller plus vite, car les élèves auront du plaisir à avancer quotidiennement dans les aventures. Des fiches différentes sont parfois proposées pour une même séance, suivant les compétences à privilégier pour vos élèves. En amont, dans l'idéal, il serait pertinent d'avoir travaillé en Histoire sur la société médiévale et Aliénor d'Aquitaine, conformément aux programmes.

The littérature 2, exploitations littéraires de romans et d'albums, cycle 3

Robin des bois, Karine Tournade

Organisation sur 7 semaines

	Etapes-clés du déroulement	Matériel, objectifs ciblés
Semaine 1	1/ Les couvertures de livres. a) Les connaissances des élèves. -Demander aux élèves s'ils connaissent Robins des Bois. Noter ce qu'ils disent pour pouvoir valider, justifier, débattre, au fil des lectures. b) Différents livres. Les élèves ont pu effectuer ce type de travail avec d'autres romans. Certains livres, comme *Le Magicien d'Oz* ou *Emilie et le crayon magique*, ont plusieurs premières et quatrièmes de couverture mais le nom de l'auteur reste le même, car il s'agit de différentes éditions mais de la même histoire, même abrégée. Ici, les noms des auteurs changent. -Distribuer à chaque binôme une couverture de livre. Laisser un temps d'observation puis demander de décrire l'illustration de la première de couverture, de présenter le titre et le nom de l'auteur : celui-ci diffère. -**Ces livres racontent-ils tous la même histoire ?** Demander à chaque binôme de **lire la quatrième et de prendre des notes sur les personnages, les lieux, l'intrigue**. Différenciation possible : surligner de différentes couleurs les personnages et les lieux, raconter l'intrigue à l'oral. -**Mise en commun au tableau** en confrontant les notes des différents groupes. On retrouve les mêmes personnages et la même intrigue énoncée différemment. Seul le nom de *Marianne* diffère pour *Marion* dans un des livres. Expliquer qu'à l'origine, Robin des Bois est un héros légendaire de la tradition orale au Moyen-Âge anglais et des chansons de geste. Comme toute tradition orale, **il y a eu différentes versions et il n'y a pas d'auteur officiel**. A partir du XVIe siècle, Robin des Bois devient le héros de récits de différents auteurs, sous le règne de Richard 1er, appelé Richard-Cœur-de-Lion. -Compléter la fiche 1 collectivement en élaborant **une trace écrite commune** et en ne conservant que l'essentiel. -Terminer en **décrivant et en interprétant l'illustration** de la première de couverture du livre distribué aux élèves. Repérer le héros, habillé de vert, qui rappelle la forêt de Sherwood. Tel un espion, il peut ainsi mieux se camoufler. Il semble œuvrer la nuit car il fait sombre, à moins que ce ne soit le contexte qui soit sombre. C'est un guerrier car on le voit tirer une flèche en direction d'un ennemi qu'on ne peut pas voir, mais qu'on devine. Est-ce en direction du château qui représente le Prince Jean ou le comte de Gisborne ? Il sourit, ce qui en fait un héros sympathique. 2/ Chapitres 1 et 2. -Lecture par l'enseignant ou par des élèves volontaires des chapitres 1 et 2. Pendant ce temps là, **les élèves prennent des notes** : certains font la liste des événements malheureux, d'autres notent des mots appartenant au champ lexical de l'oppression. Faire chercher le mot oppression dans le dictionnaire, trouver des synonymes (angoisse, persécution, …) -**Mise en commun au tableau**. Se mettre d'accord sur une trace écrite commune et compléter la fiche 2, activités 1 et 2. -**Travail sur le lexique de l'illustration, activité 3**. Afin de légender le dessin, donner des phrases du livre permettant de comprendre le mot suivant le contexte. Sinon, faire chercher dans le dictionnaire. -Pour finir, faire reformuler ce que l'on apprend sur Richard 1er et Jean-sans-Terre. Recourir au texte si nécessaire pour vérifier.	1/ -Les premières de couverture, dans le drive (1 par binôme). -La fiche 1 -un roman par élève Travail sur la prise de notes, les informations essentielles les personnages, l'intrigue en contexte, le débat oral interprétatif. Devoirs : préparer la lecture-compréhension des chapitres 1 et 2. 2/-Roman -Fiche 2 -dictionnaire Travail sur la prise de notes, les personnages historiques, le lexique. Devoirs : préparer la lecture-compréhension du chapitre 3.

Robin des bois, Karine Tournade

	Etapes-clés du déroulement	Matériel, objectifs ciblés
Semaine 2	**3/ Chapitre 3.** -Rappel des chapitres précédents par des élèves volontaires. -Rappel du lexique étudié par un jeu de devinettes, avec ardoise. -Lecture par l'enseignant ou par des élèves volontaires du chapitre 3. Pendant ce temps là, **les élèves prennent des notes** sur tout ce que l'on apprend sur Robin des Bois. -**Mise en commun au tableau**. Compléter la fiche 3, activité 1. -**Questions orales** : retrouver la description de Frère Tuck et de Petit-Jean (pages 13 et 16). Faire reformuler. De quel côté sont-ils ? Relever les phrases du chapitre qui le montrent. -Activité 5 : page 5 en **lecture à haute-voix expressive** par des élèves volontaires (ou dans le cadre d'une séance de lecture-fluence). -**Faire l'activité 3 de la fiche 3**. Bien choisir les phrases à recopier compte-tenu de la place sur la fiche. Il faut trouver la phrase essentielle qui montre ce que chacun pense. Justifier. -**Activité 2** : les élèves réfléchissent, en binôme ou par groupes de trois, sur la signification de cette phrase, en fonction de ce qu'ils ont appris en Histoire. Mise en commun au tableau. Elaborer une phrase commune d'explication et recopier sur la fiche 3. -**Activité 4** : situer Nottingham et la forêt de Sherwood sur une carte du Royaume-Uni. Aller voir sur *Google Earth*. -**Anticipation** : Pourquoi Frère Tuck et Petit-Jean restent-ils silencieux et veulent emmener Robin dans *un endroit plus sûr* ? Les élèves peuvent répondre à l'oral ou rédiger.	3/ -La fiche 3 -Roman -Google Earth Travail sur la prise de notes, les informations essentielles les personnages, la lecture à haute voix, les connexions avec d'autres disciplines. Devoirs : préparer la lecture-compréhension du chapitre 4.
	4/ Chapitre 4. -Rappel des chapitres précédents par des élèves volontaires. -Lecture par l'enseignant ou par des élèves volontaires du chapitre 4. Pendant ce temps là, **les élèves prennent des notes** sur ce que l'on apprend sur le père de Robin des Bois. Expliquer en quoi ses qualités s'opposent à celles du shérif de Nottingham. -**Mise en commun au tableau**. Relever les adjectifs donnés par Frère Tuck et donner un exemple pour chacun. Compléter la fiche 4, activité 2. -**Débat oral** : répondre à la question de l'activité 3. -Afficher l'illustration de la première de couverture au tableau. Demander de **légender les habits et les accessoires de Robin des Bois** avec les mots du livre. Faire chercher les mots *carquois, couvre-chef* et *ceinturon*, si nécessaire. -**Question orale** : par quels sentiments passe Robin en apprenant la nouvelle de la mort de son père ? (Choc, colère, chagrin car il sanglote, grande tristesse car il a *l'âme sombre*). -**Echelle lexicale, activité 1** : classer les synonymes du mot tristesse suivant leur intensité. Ce qui compte surtout ce sont les arguments utilisés par les élèves pour justifier leur classement. Demander quel mot serait le plus adapté à l'état de Robin p.24 et justifier. -**Questions orales** : « *Je regrette ces croisades. Cette quête est vaine et incensée* ». Pourquoi Robin peut-il penser cela ? Vérifier en lisant ce qui est dit sur la 3e croisade : https://tinyurl.com/5mp8ccu4 Que pensez-vous de l'attitude de Frère Tuck et de Petit-Jean ? Ce sont de vrais amis, ils sont veillé sur Robin au détriment de leur sommeil. -**Activité 4**. Recherche sélective dans le chapitre (p.24) -**Production d'écrits : activité 5**. Les élèves peuvent donner quelques idées à l'oral avant de rédiger. Ils écrivent au brouillon et après correction, ils recopient sur la fiche.	4/-Roman -Fiche 4 -Première de couverture agrandie à la photocopieuse -Résumé des croisades : https://tinyurl.com/5mp8ccu4 Travail sur la prise de notes, le lexique, le débat oral argumenté, la production d'écrit court, les informations essentielles,. Devoirs : préparer la lecture-compréhension du chapitre 5.

The littérature 2, exploitations littéraires de romans et d'albums, cycle 3

Robin des bois, Karine Tournade

	Etapes-clés du déroulement	Matériel, objectifs ciblés
Semaine 3	**5/ Chapitre 5.** -Rappel des chapitres précédents par des élèves volontaires. Insister sur les événements de la vie de Robin, même si c'est dans le désordre : Robin est parti en croisades, il est rentré et ne reconnaît plus son pays, il a perdu son père tué par le shérif sur ordre de Gisborne, il possédait les terres de Locksley mais elles sont été confisquées par le shérif. -Rappel du lexique étudié (synonymes de *tristesse*) par un jeu de devinettes, avec ardoise. -**Activité 1** : commencer à découper puis à **ordonner les étiquettes sur l'axe du temps**, sur la fiche 1. Ne pas les coller immédiatement, cela sera vérifié avec la lecture du début du chapitre 5. -**Lecture à l'avance des questions d'inférences**, pour une écoute active. -Lecture par l'enseignant ou par des élèves volontaires du chapitre 5. -Après lecture, **les élèves corrigent les étiquettes ordonnées** car il y a l'information de la mort de la mère à l'époque où le père était toujours vivant. -**Mise en commun au tableau**. Coller les étiquettes de l'activité 1. -**Activité 2** : travail en binôme ou par groupes de trois, pour répondre aux **questions d'inférences**, avec retour au texte pour valider. -**Mise en commun au tableau**. Retourner systématiquement au texte pour vérifier et valider. Compléter l'activité 2. -**Questions orales** : pour quels motifs Edward et Denis se retrouvent-ils dans la forêt de Sherwood ? Pourquoi sont-ils bannis ? Quels points communs ont-ils avec Robin (l'un a tout perdu, l'autre n'a plus son père). -**Activité 3. Rédiger les pensées** de Robin qui perdait espoir pour créer une troupe. Relire le passage où les hommes pleuvent, si besoin. Avant, on peut montrer un extrait du film de 1938 avec Eroll Flynn, pour avoir une image plus précise de la scène : https://tinyurl.com/5ewbvr24 -**Anticipation** : comment Robin et sa troupe vont-ils s'y prendre pour se venger du shérif ? Les élèves peuvent répondre à l'oral ou rédiger.	5/ -La fiche 5 -Roman -Début de l'extrait du film de 1938 *Robin des Bois*, avec Eroll Flynn : https://tinyurl.com/5ewbvr24 Rappel. Lien de la playlist avec toutes les vidéos dans l'ordre : https://tinyurl.com/242xjjzb Travail sur les informations essentielles, la chronologie du récit, les inférences, les connexions avec d'autres disciplines, la production d'écrits courts. Devoirs : préparer la lecture-compréhension du chapitre 6.
	6/ Chapitre 6. -**Au tableau, reformulation des chapitres précédents par des élèves volontaires,** aidés de « souffleurs » derrière eux. -Lecture par l'enseignant ou par des élèves volontaires du chapitre 6. Pendant ce temps là, **les élèves prennent des notes** sur ce que l'on apprend de Marianne (écoute active). -**Mise en commun au tableau**. Compléter la fiche 6, **activité 4**. -**Questions orales** : quel est le plan de Robin ? Justifier en retrouvant les phrases (p.42). En conserver une, la plus explicite choisie collectivement, pour compléter la **question 5** de la fiche. Dans quel état se trouve Robin ? Justifier (p.37 « *Robin resta pétrifié par tant de beauté* »). -**Recherche avec le dictionnaire** : on dit que Robin est « pétrifié » par tant de beauté. Qu'est-ce que cela signifie ? (charmé, séduit). Connais-tu des synonymes de « charmé » ? Voici une liste (**activité 2**) : surligne les synonymes mais vérifie dans le dictionnaire si tu as un doute. -Robin trouve Marianne *belle* : connais-tu des synonymes un peu plus forts/intenses que « belle » ? Utiliser les mots de l'activité 2 en **dérivation**: Robin est *fasciné* -> elle est *fascinante*, etc ... Relever les mots au tableau. Recopier ces mots sur la fiche, **activité 1**. -**Production d'écrit court** : **activité 3**. Les élèves vont écrire les pensées de Robin à la première personne du singulier en essayant de réutiliser quelques mots des activités 1 et 2 (au moins 3 mots).	6/-Roman -La fiche 6 Travail sur la prise de notes, le lexique, les informations essentielles, la production d'écrit court. Devoirs : préparer la lecture-compréhension du chapitre 7.

The littérature 2, exploitations littéraires de romans et d'albums, cycle 3

Robin des bois, Karine Tournade

	Etapes-clés du déroulement	Matériel, objectifs ciblés
Semaine 4	**7/ Chapitres 7 et 8.** -**Au tableau, reformulation du chapitre précédent par des élèves volontaires.** -**Lire l'activité 1 de la fiche** : faire relire silencieusement la p. 47 du chapitre 7 pour rechercher les informations et colorier ce que veut faire Robin avec l'argent dérobé aux seigneurs. -**Mise en commun** avec retour au livre si nécessaire (p.47). -**Lire à l'avance les questions des activités 2 et 3.** Il faudra se faire « le film dans sa tête » pendant l'écoute et essayer de répondre (écoute active). -**Lecture par l'enseignant du chapitre 8.** S'attarder sur les passages qui permettront aux élèves de répondre aux questions. -**Faire reformuler** le récit par des élèves volontaires. -**Questions orales avec retour au texte pour justifier** : qu'apprend Robin aux hommes ? Pourquoi arrive-t-il aussi facilement à leur apprendre l'art de la guerre ? (il est parti en croisades). Quels sont ses secrets pour faire progresser ses hommes ? (L'endurance par la répétition, notamment). Visionner la capsule vidéo sur le tir à l'arc, pour un éventuel complément d'information. Que veut apprendre exactement Petit-Jean à ses hommes ? Est-ce un apprentissage organisé ? (Oui, il apprend à asséner des coups justes). Avec quelles armes se battent-ils, avec Petit-Jean ? (lances, bâtons de bois). -**Activité 2**. Les élèves complètent en réinvestissant cet échange oral et leur livre. -**Activité 3**. Travail individuel puis en binôme pour répondre aux **questions d'inférences** sur un brouillon, avec retour au texte pour valider, si nécessaire. -**Mise en commun au tableau.** Retourner systématiquement au texte pour vérifier et valider. Compléter l'activité 3 collectivement. -**Nourrissage culturel** : visionner la capsule vidéo sur la femme au Moyen-Âge, afin de compléter la réponse à la question d). Echanger oralement sur ce que les élèves ont appris, afin de faire émerger que la femme est essentiellement associée aux travaux manuels et à la maison. -**Activité 4**. Retrouver la page de description de Mary dans le chapitre 8. Relever tout ce que l'on sait d'elle. Lire l'encart sur la sorcellerie puis laisser les élèves légender l'image en s'aidant de la page 57. -**Prolongements possibles** : travail de la lecture à haute voix des pages 46 et 47 du ch.7 en suivant le ton décrit par l'auteur (avec « joie et rage »), dans le cadre d'une séance de **lecture-fluence**, par exemple. -**EPS** : activité tir à l'arc. **8/ Chapitre 9.** -**Au tableau, reformulation du chapitre précédent par des élèves volontaires.** -**Lecture du chapitre 9** par l'enseignant ou par des élèves volontaires. Pendant ce temps, **les élèves prennent des notes** : un groupe relève les mots qui montrent que les deux jeunes gens se plaisent et sont attirés l'un envers l'autre ; un autre groupe relève les mots qui montrent la colère de Robin lors de l'attaque du carrosse de Marianne. (Différenciation : il y a moins de mots pour cette 2ᵉ prise de note). -**Mise en commun au tableau.** Compléter la fiche 8, **activités 1 et 2**.	7/ -La fiche 7 -Roman -Vidéo sur la femme au Moyen-Âge (faire des pauses) https://tinyurl.com/39bk2za3 -Vidéo tir à l'arc : https://tinyurl.com/vpxb9m3p Travail sur les informations essentielles, les inférences, les personnages, les connexions avec d'autres disciplines, le débat oral interprétatif. -Séquence EPS : http://arc.patrick-magne.fr/doc/TAAEcole.pdf Devoirs : préparer la lecture-compréhension du chapitre 9. 9/Roman -La fiche 8 -Extraits musicaux : -Indiana Jones (début) : https://tinyurl.com/3ze4m495 -Mars Attacks : https://tinyurl.com/a59a6a5u -La Zizanie : https://tinyurl.com/hs4sxz69

Robin des bois, Karine Tournade

	Etapes-clés du déroulement	Matériel, objectifs ciblés
	-**Activité 3**. L'enseignant relit les 2 premières pages du chapitre sur Robin et Mary, jusqu'à la rupture annoncée par Much. Demander aux élèves de se faire « le film dans leur tête » et d'y ajouter du son. Demander ensuite ce qu'ils ont imaginé et pourquoi (pour créer une atmosphère romantique). Faire écouter 3 bandes-sons de films et leur demander de choisir laquelle est la plus appropriée, en justifiant. -**Activités 4 et 5**. Analyser d'où vient le malentendu qui fait que Mary repart tristement dans la forêt. Chercher ensemble ce que sait Mary, ce qu'elle croit, ce qu'elle ignore, afin de comprendre les causes et les conséquences menant au quiproquo. -**Questions orales avec retour au texte pour justifier** : pourquoi Robin traite ses hommes d' « imbéciles » tout à coup ? Qu'en penses-tu ? Retrouve la phrase qui montre la beauté de Marianne (p.65 : *un halo de clarté*). Les hommes des bois savent-ils qu'il s'agit du carrosse de Lady Marianne ? Est-ce que cela change quelque chose pour eux ? (p.68 : Petit-Jean ne comprend pas pourquoi il ne fallait pas attaquer ce carrosse). -**Activité 6** : associer cause et conséquence pour comprendre l'organisation du texte. Différenciation : les élèves font seuls puis comparent en binômes. Mise en commun au tableau. On peut reformuler à l'oral, en utilisant les connecteurs de conséquence et associer les phrases de gauche à celles de droite. Ex : *Marianne n'est pas une ennemie, c'est pourquoi / donc / par conséquent / alors Robin ne veut pas qu'on attaque son carrosse.* -**Prolongements possibles** : travail sur les musiques de films pour voir ce que cela apporte à l'image, avec le livre *Ecoute THE Cinéma*. Ce livre couvre l'année pour les écoutes musicales en cycle 3, avec une étude des paramètres du son, des voix, des instruments, de l'orchestre et du jazz, conforme aux nouveaux programmes.	-Extraits musicaux : -Indiana Jones (début) : https://tinyurl.com/3ze4m495 -Mars Attacks : https://tinyurl.com/a59a6a5u -La Zizanie : https://tinyurl.com/hs4sxz69 Travail sur la prise de notes, le lexique, les relations causes- conséquences, les informations essentielles,. -Ecoute THE Cinéma : https://tinyurl.com/b95tus9x Devoirs : préparer la lecture-compréhension du chapitre 10.
Semaine 5	9/ **Chapitre 10**. -Au tableau, reformulation du chapitre précédent par des élèves volontaires. -**Activité 1 de la fiche** : retrouver tous les substituts qui nomment les hommes de Robin des bois. -**Lire à l'avance les phrases de l'activité 2**. Il faudra retrouver à qui correspondent les mots soulignés dans les phrases de gauche. -**Lecture par l'enseignant du chapitre 10** avec une écoute active pour effectuer l'activité 2. Faire « le film dans sa tête ». -**Mise en commun** : écrire au tableau à quoi correspondent les substituts « il, ils, leur ». Différenciation : on peut donner une liste de noms aux élèves en difficulté. -**Activité 2** : associer les causes aux conséquences. Cela a été travaillé lors de la séance précédente. Laisser les élèves travailler seuls. Mise en commun au tableau avec justification et retour au texte si nécessaire. -**Activité 3** : utiliser les connecteurs. A l'oral d'abord, les élèves travaillent en binômes et associent les causes aux conséquences. Ex : *Frère Tuck pense que le carrosse sera très protégé par de nombreux soldats, donc il craint de perdre beaucoup d'hommes*. Puis, ils rédigent une ou 2 phrases voire plus (différenciation). -**Activité 4** : faire relire à haute voix la fin du chapitre (p.76,77) afin de faire « le film dans sa tête ». Dessiner rapidement où se trouvent les hommes prêts à l'attaque.	9/ Roman -La fiche 9 Travail sur les relations causes- conséquences, le lexique, les substituts, les informations essentielles, la lecture à haute voix. Devoirs : préparer la lecture-compréhension du chapitre 11.

Robin des bois, Karine Tournade

	Etapes-clés du déroulement	Matériel, objectifs ciblés
	10/ Chapitre 11. -**Au tableau, reformulation des chapitres précédents par des élèves volontaires**, aidés de « souffleurs » derrière eux. -**Faire chercher dans le dictionnaire** : butin, victuailles, scrupules, marquer d'une pierre blanche. -**Lecture par l'enseignant du chapitre 11** avec une écoute active pour effectuer l'activité 1. Faire « le film dans sa tête » et y ajouter du son. -**Activité 1.** Faire écouter 3 bandes-sons de films et demander aux élèves de choisir laquelle est la plus appropriée, en justifiant. -**Activité 2** : travail sur les substituts. Chercher à quoi correspondent les mots soulignés de la colonne de droite « ils , il, celui-ci, le ». Différenciation : on peut donner une liste de noms aux élèves en difficulté. Écrire au tableau à quoi correspondent ces substituts. -**Associer les causes aux conséquences**. Cela a été travaillé lors de la séance précédente. Laisser les élèves travailler seuls. Mise en commun au tableau avec justification et retour au texte si nécessaire. -**Activité 3** : utiliser les connecteurs. **A l'oral d'abord**, les élèves travaillent en binômes et associent les causes aux conséquences, cette fois. C'est plus difficile car c'est rarement dans ce sens-là que les élèves font leurs phrases. Ex : *Les hommes de Sherwood ont un énorme butin entre les pierreries et les victuailles, c'est pourquoi ils se réjouissent en dansant autour des feux de bois.* -Puis, les élèves rédigent sur la fiche 2 ou 3 phrases voire plus (différenciation). -**Activité 4 : débat des 4 coins.** Que penses-tu de l'attitude de robin qui tire sur les soldats ? Qui terrorise la demoiselle et le frère du comte ? Débat avec cette affirmation : *il est normal de rendre aux autres ce qu'ils nous ont fait*. Les élèves se positionnent sur un des 4 coins et débattent. Ils peuvent changer de place au cours du débat. -**Prolongements possibles** : travail sur les musiques de films pour voir ce que cela apporte à l'image, avec le livre *Ecoute THE Cinéma*. -Etude d'expressions avec le mot « pierre » ou sens propre et figuré.	10/ Roman -La fiche 10 -dictionnaire Travail sur les relations causes- conséquences, le lexique, les substituts, les informations essentielles. -Extraits musicaux : -Indiana Jones (début) : https://tinyurl.com/3ze4m495 -Mars Attacks (début) : https://tinyurl.com/a59a6a5u -La Zizanie (début) : https://tinyurl.com/hs4sxz69 Travail sur la prise de notes, le lexique, les relations causes- conséquences. -Débat des 4 coins : https://tinyurl.com/tsjz9hzu -Ecoute THE Cinéma : https://tinyurl.com/b95tus9x Devoirs : relire le chapitre 11.
Semaine 6	**11/ Chapitre 12.** -**Au tableau, reformulation du chapitre précédent par des élèves volontaires**. -**Activité 1 de la fiche** : dire aux élèves qu'ils vont écouter la lecture du chapitre 12 pour retrouver les différentes étapes. Différenciation possible : comme ce chapitre est long, on peut utiliser la fiche 11b à la place pour retrouver les étapes, sans surcharger les élèves d'une production d'écrits. Ou alors, on peut utiliser la fiche 11b avant lecture, pour retrouver de manière logique et chronologique les différentes étapes, afin de mieux appréhender la compréhension de ce chapitre. -**Lecture par l'enseignant du chapitre 12** avec une écoute active pour effectuer l'activité 1. Faire « le film dans sa tête ». -Les élèves travaillent en binôme sur une feuille de brouillon pour retrouver les différentes étapes. Contrainte : ne pas dépasser 4 lignes d'explication par étape. -**Mise en commun.** Valider les propositions des groupes. On peut rédiger une trace écrite collectivement ou ramasser les brouillons qui seront corrigés ultérieurement puis recopiés.	11/ Roman -La fiche 11 ou 11b ou 11c Travail sur la chronologie du récit, les informations essentielles, la production d'écrit court, les inférences, les émotions, les pensées des personnages, le lexique.

Robin des bois, Karine Tournade

	Etapes-clés du déroulement	Matériel, objectifs ciblés
	-Questions orales : pourquoi Robin demande-t-il au frère du comte de saluer le shérif, alors qu'il le déteste ? (Il veut le faire venir sur son terrain pour se venger. C'est de la provocation. Faire chercher dans le dictionnaire si nécessaire et trouver d'autres exemples du quotidien). Comment s'y prend le shérif pour convaincre les enfants de parler ? Qu'en penses-tu ? Que penses-tu que va faire Mary ? Quels sentiments peut-elle éprouver ? (déception, jalousie, chagrin, colère). Va-t-elle venger par jalousie, ou ne pas trahir Robin, par amour ? Justifier. **-Répondre aux questions 2 et 3**. **-Activité 4**. Faire relire silencieusement la page (p.93) décrivant le piège. Les élèves doivent dessiner pour bien suivre la description. Mise en commun au tableau pour vérifier que rien n'a été oublié. **-Fiche 11c** : un travail spécifique sur les sentiments et les substituts. Différenciation : soit les élèves prennent des notes, soit ils surlignent sur des photocopies (pp 88 à 92). Entourer les mots péjoratifs. **12/ Chapitre 13.** **-Au tableau, reformulation des chapitres précédents par des élèves volontaires,** aidés de « souffleurs » derrière eux. **-Faire chercher dans le dictionnaire** : butin, victuailles, scrupules, marquer d'une pierre blanche. **-Lecture par l'enseignant du chapitre 13** avec une écoute active pour effectuer l'activité 1. Faire « le film dans sa tête » et retrouver les 4 étapes. Cet exercice peut se faire en binôme, pour favoriser le conflit socio-cognitif. **-Activité 2** : donner les photocopies des pages 102-103 et demander aux élèves de surligner les mots du champ lexical de la guerre. La mise en commun permettra de justifier des choix de chacun. **-Activité 3** : répondre collectivement en justifiant, en s'appuyant sur le texte. **-Activité 4** : travail sur les inférences. Les élèves réfléchissent et écrivent seuls. La mise en commun permettra de débattre sur les choix de chacun, avec retour au récit pour justifier.	Devoirs : préparer la lecture-compréhension du chapitre 13. 12/ Roman -La fiche 12 -pages 102-103 photocopiées Travail sur le lexique, les informations essentielles, la chronologie du récit, les inférences. Devoirs : relire le chapitre 14.
Semaine 7	**13/ Chapitre 14.** **-Au tableau, reformulation du chapitre précédent par des élèves.** **-Activité 1 de la fiche** : dire aux élèves qu'ils vont écouter la lecture du chapitre 14 pour retrouver les informations concernant le tournoi. **-Rappel pour rédiger une affiche** : à qui s'adresse-t-elle ? (aux passants qui marchent vite) -> il faut donc peu de texte et les informations essentielles (qui, quand, où, ce qu'on gagne ?). Laisser les élèves rédiger leur affiche avec des couleurs et des dessins. Certains veulent ajouter une heure et un jour, les laisser faire. Production d'élève brute, non corrigée. **-Activité 2** : s'entraîner à l'oral pour faire émerger les mauvaises intentions du shérif en proposant ce tournoi. Ensuite, laisser les élèves rédiger leurs propres phrases.	14/ Roman -La fiche 13 Travail sur la production d'écrits, les informations essentielles, les pensées des personnages, les inférences, le débat oral. Devoirs : préparer la lecture des chapitres 15 et 16

Robin des bois, Karine Tournade

	Etapes-clés du déroulement	Matériel, objectifs ciblés
	-**Activité 3 : questions orales** pour interpréter les véritables intentions de Robin, en plus de gagner l'argent du tournoi. Faire émerger qu'il veut se venger du comte et du shérif, car ils ont tué son père et beaucoup de ses hommes de Sherwood. S'entraîner ensuite à l'oral pour faire parler Robin, à la 1ᵉ personne du singulier. Laisser les élèves rédiger leurs phrases. -**Répondre aux questions 2 et 3**. -**Activité 4**. Les élèves réfléchissent individuellement et rédigent leurs phrases. La mise en commun permettra de vérifier les inférences avec retour au texte. -**Activité 5** : débat des 4 coins, à mener en EMC. 14/ Chapitres 14 et 15. -**Au tableau, reformulation des chapitres précédents par des élèves volontaires**, aidés de « souffleurs » derrière eux. -**Faire chercher dans le dictionnaire** : butin, victuailles, scrupules, marquer d'une pierre blanche. -**Lecture par l'enseignant du chapitre 13** avec une écoute active pour effectuer l'activité 1. Faire « le film dans sa tête » et retrouver les 4 étapes. Cet exercice peut se faire en binôme, pour favoriser le conflit socio-cognitif. -**Activité 2** : donner les photocopies des pages 102-103 et demander aux élèves de surligner les mots du champ lexical de la guerre. La mise en commun permettra de justifier des choix de chacun. -**Activité 3** : répondre collectivement en justifiant, en s'appuyant sur le texte. -**Activité 4** : travail sur les inférences. Les élèves réfléchissent et écrivent seuls. La mise en commun permettra de débattre sur les choix de chacun, avec retour au récit pour justifier.	14/ Roman -La fiche 14 -pages 102-103 photocopiées Travail sur le lexique, les informations essentielles, la chronologie du récit, les inférences. Devoirs : relire le chapitre 14.
Semaine 8	15/ Synthèse avec la fiche 15. -**Chaque groupe est chargé de retrouver les informations concernant un item de la fiche 15**. La différenciation se fera par l'enseignant qui donnera une recherche plus simple aux élèves en difficulté. Ils peuvent utiliser le livre ou les fiches de travail qui sont ici des outils. -**Mise en commun**. Valider les propositions des groupes en justifiant. Chacun corrige et complète sa fiche. -**Faire apparaître la notion de héros avec ce récit (trace écrite)** : -c'est le personnage principal d'un récit -il a des qualités morales, des valeurs (courage, force de caractère, qualités / grandeur d'âme, intelligence …) -il a des défauts, c'est un être humain -il a des motivations / des intentions / une quête -il peut avoir des pouvoirs magiques ou un don, et s'il est ordinaire, il va se surpasser à un moment donné « Un héros est là pour montrer qu'on a tous une vie plus grande qui nous attend quelque part » (François Place) -il est freiné par des obstacles qu'il lui faudra surmonter seul ou avec de l'aide -**Prolongements** : on peut mettre en opposition un héros qui brille par le mal qu'il fait, en opposition aux qualités morales de Robin, pour compléter la notion de héros. Ex: *Darth Vador* dans *Star Wars*, *Voldemort* dans Harry Potter, le méchant loup … -**En EPS**, organiser des séances de tir à l'arc avec un tournoi final.	14/ Roman -La fiche 15 Travail sur le héros. Pour plus de précisions, lire : https://eduscol.education.fr/document/16444/download EPS, tir à l'arc cycle 3 : https://tinyurl.com/2d57kmet https://tinyurl.com/2s3d8d9u

The littérature 2, exploitations littéraires de romans et d'albums, cycle 3

Fiche 1 — **Robin des bois**, Karine Tournade

Prénom : _____

Les premières et quatrièmes de couverture

1/ En observant les illustrations et le texte des couvertures, chaque groupe va relever des informations sur les personnages, les lieux, l'intrigue. Colle l'image des premières de couverture.

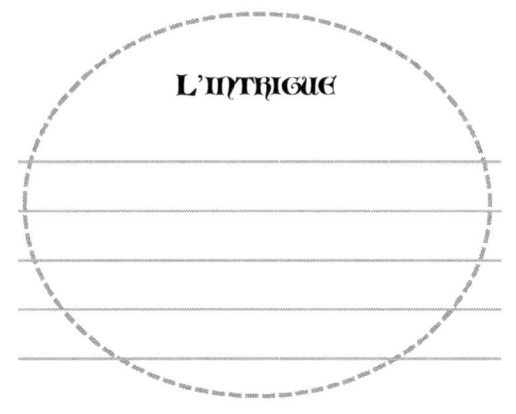

LES PERSONNAGES

LES LIEUX

L'INTRIGUE

Quel est le genre littéraire de ce roman, selon toi ? Pourquoi ?

The littérature 2, exploitations littéraires de romans et d'albums, cycle 3

| Fiche 2 | **Robin des bois,** Karine Tournade |

Prénom : _____

Chapitres 1 et 2. Donne un titre :
....

1/ Tout commence de manière sombre. Peux-tu faire une liste des événements malheureux ?

_____
_____
_____

2/ Le champ lexical. Relève quelques mots qui montrent l'oppression dans ces 2 chapitres :

_____
_____

3/ Légende l'illustration : gibet ou potence ou échafaud, estrade, bourreau, malfrat, toits de chaume.

4/ Voici les portraits des monarques, fils d'Aliénor d'Aquitaine. Ecris ce que l'on sait d'eux grâce au roman.

Richard Cœur-de-Lion   Jean sans-terre

The littérature 2, exploitations littéraires de romans et d'albums, cycle 3

Fiche 3 — **Robin des bois**, Karine Tournade

Prénom : _____

Chapitre 3. Donne un titre :
....

1/ Commence une fiche de renseignements sur Robin des Bois.

2/ Je fais des connexions. Grâce à tes connaissances sur le Moyen-Âge, explique ce que signifie la phrase *« Nous sommes bien petits face à tous ces seigneurs »*.

3/ Choisis les paroles de ces personnages qui montrent ce qu'ils pensent de la situation de leur contrée.

4/ Les lieux.
Entoure les lieux mentionnés dans le chapitre 3.

Dans quel pays se déroule l'histoire ?

5/ Lecture expressive. Entraîne-toi à lire à haute voix le dialogue entre frère Tuck et Petit-Jean p 14.

Robin des bois, Karine Tournade

Fiche 4

Prénom : _____

Chapitre 4. Donne un titre :
....

1/ Les sentiments de Robin. Classe ces synonymes du mot *tristesse* du moins intense au plus intense, en t'aidant de leur définition.

- **La tristesse** : état de quelqu'un qui éprouve du chagrin.
- **La mélancolie** : tristesse vague accompagnée de rêverie.
- **La souffrance** : état prolongé de douleur physique ou morale.
- **L'anéantissement** : lorsqu'on est détruit à l'intérieur, qu'on est réduit à rien.
- **Le désespoir** : abattement total de quelqu'un qui a cessé d'espérer.

2/ Le portrait moral du père de Robin s'oppose à celui du shérif. Ecris en quoi ils sont contraires.

Le père de Robin

Le shérif de Nottingham

3/ Pourquoi la description du père de Robin est-elle si importante dans l'histoire ?

_____

_____

4/ Entoure les armes que Robin sait manier grâce à son père.

5/ J'anticipe. Quelle peut être l'idée de Robin pour « aller sonner la dernière heure du shérif de Nottingham » ?

Fiche 4b — **Robin des bois**, Karine Tournade

Prénom : ....

Chapitre 4. Donne un titre :
....

1/ Complète la fiche de renseignements sur Robin des Bois.

2/ Par quelles émotions passe Robin en apprenant la nouvelle ?

3/ Le portrait moral du père de Robin s'oppose à celui du shérif. Ecris en quoi ils sont contraires.

Le père de Robin

Le shérif de Nottingham

4/ Pourquoi la description du père de Robin est-elle si importante dans l'histoire ?

5/ Dessine les armes que Robin sait manier grâce à son père.

6/ J'anticipe. Quelle peut être l'idée de Robin pour « aller sonner la dernière heure du shérif de Nottingham » ?

Robin des bois, Karine Tournade

Fiche 5

Prénom : _____

Chapitre 5. Donne un titre :

....

1/ Remets dans l'ordre les étiquettes de la vie de Robin des Bois. (Tu peux les numéroter, elles sont en bas)

2/ Les inférences. Réfléchis à ces questions avant d'en débattre en classe.

a) Quel peut être l'ennemi que Robin fait semblant de combattre ? Pourquoi ?

_____

b) Pourquoi Robin dit à frère Tuck « Ton habit t'empêche peut-être de nous suivre » ?

_____
_____

c) Pourquoi Robin se surnomme-t-il *Robin des Bois* et abandonne le nom de Locksley ?

_____

d) « *Voici donc nos hors-la-loi* » dit Petit-Jean. Es-tu d'accord ? Qui est hors-la-loi ?

_____
_____

3/ Que peut penser Robin en voyant sortir les hommes des arbres, alors qu'il s'inquiétait ?

✂ ---

Numérote d'abord les étiquettes dans l'ordre.

| Robin apprend que ses terres ont été confisquées. | Robin apprend la mort de son père. | Robin est parti en croisades. |

| Robin a perdu sa mère et son père l'a aidé à surmonter son chagrin. | Robin est revenu de croisades et il ne reconnaît plus sa contrée. | Robin crée une troupe de hors-la-loi pour contrer le shérif et le comte. |

The littérature 2, exploitations littéraires de romans et d'albums, cycle 3

Fiche 6 — **Robin des bois**, Karine Tournade

Prénom : _____

Chapitre 6. Donne un titre :
....

1/ Cherche des synonymes de « jolie » et « belle ».

2/ Surligne les synonymes de « charmé ». Tu peux vérifier dans ton dictionnaire.

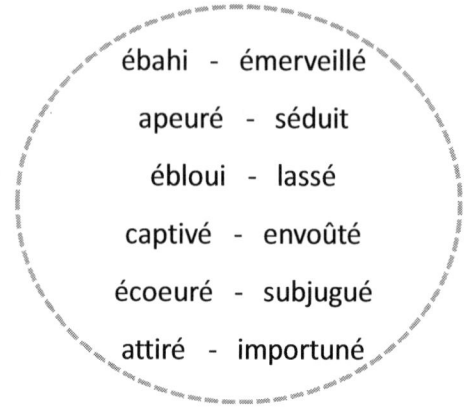

ébahi - émerveillé
apeuré - séduit
ébloui - lassé
captivé - envoûté
écoeuré - subjugué
attiré - importuné

3/ Réutilise certains de ces mots pour écrire ce que pense Robin en voyant Marianne.

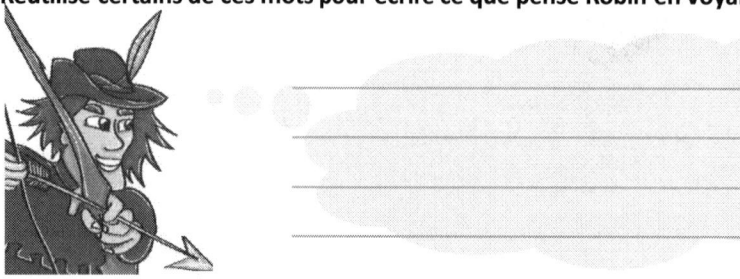

4/ Présente Marianne. D'où vient-elle ? Que pense-t-elle du Roi Richard et du Prince Jean ?

5/ Retrouve la phrase que dit Robin pour expliquer son plan.

Fiche 7 — Robin des bois, Karine Tournade

Prénom : _____

Chapitres 7 et 8. Donne un titre au chapitre 8 : ....

1/ Colorie les phrases qui correspondent à ce que Robin veut faire de l'argent dérobé aux seigneurs (Ch.7).

- Racheter des troupeaux.
- Payer la rançon du roi Richard.
- Acheter des chevaux.
- Acheter des carrosses et des pierres précieuses.
- Réchauffer les mères qui ont froid.
- Reconstruire des fermes.
- Aider les personnes âgées.
- Aider les veuves.
- Récupérer les terres de Locksley.
- Nourrir les bébés.
- Nourrir les familles détruites par le comte.

2/ Chapitre 8. Que veut apprendre Robin à ses hommes ? Que veut apprendre Petit-Jean à ses hommes ? Ecris leurs pensées.

3/ Les inférences. Réfléchis à ces questions avant d'en débattre.

a) Pourquoi disait-on que « Robin avait dû naître avec un arc dans son berceau » ?

b) Pourquoi les hommes redoutaient-ils d'être sélectionnés par Petit-Jean pour montrer les gestes ?

c) Pourquoi les femmes ne tiraient-elles pas à l'arc et cousaient des carquois ?

4/ Légende l'image de Mary.

Le savais-tu ?
Au Moyen-Âge et à la Renaissance, l'Eglise faisait la chasse à la sorcellerie. Au XVe siècle, il valait mieux éviter d'être une femme qui vit à la campagne ou pauvre, d'être rousse, boiteuse ou bègue et d'avoir des connaissances sur les plantes en tant que guérisseuse. Quand on était condamnée pour sorcellerie, on finissait généralement pendue ou sur le bûcher.

The littérature 2, exploitations littéraires de romans et d'albums, cycle 3

Fiche 8 — Robin des bois, Karine Tournade

Chapitre 9. Donne un titre : ....

Prénom : _____

1/ Ecoute la lecture et relève les mots qui montrent que Robin et Mary se plaisent.

2/ Relève les mots qui montrent la colère de Robin envers ses hommes des bois.

3/ Si la rencontre entre Robin et Mary était un film, quelle bande-son choisirais-tu ?

4/ Quels mots montrent la fin brutale de ce moment romantique entre Robin et Mary.

5/ Relie les causes aux conséquences.

Causes	Conséquences
Robin prend Mary dans ses bras ou par la main.	Mary semble amoureuse de Robin.
Mary passe la nuit à regarder Robin dormir et elle le trouve charmant.	Robin est amoureux de Marianne, au fond.
Robin lâche brusquement la main de Mary et s'enfuit sans un regard lorsqu'il entend parler de Marianne.	Mary pense que Robin est amoureux d'elle.
Les hors-la-loi pensent être prêts pour le combat.	Marianne ne craint pas de rencontrer Robin et ses hommes.
Marianne sait que Robin est du côté du Roi Richard.	Robin ne veut pas qu'on attaque le carrosse de Marianne.
Marianne n'est pas une ennemie.	Les hommes de Sherwood décident d'attaquer le carrosse qui entre dans la forêt.

Robin des bois, Karine Tournade

Fiche 8b

Prénom : _____

Chapitre 9. Donne un titre : ....

1/ Écoute la lecture et relève les mots qui montrent que Robin et Mary se plaisent.

2/ Relève les mots qui montrent la colère de Robin envers ses hommes des bois.

3/ Si la rencontre entre Robin et Mary était un film, quelle bande-son choisirais-tu ?

4/ Quels mots montrent la fin brutale de ce moment romantique entre Robin et Mary.

5/ Complète pour comprendre le quiproquo, le malentendu.

Ce que voit Mary	Ce que pense Mary, ce qu'elle interprète	Ce que Mary ignore

6/ Relie les causes aux conséquences.

Causes :
- Les hors-la-loi pensent être prêts pour le combat.
- Marianne sait que Robin est du côté du Roi Richard.
- Marianne n'est pas une ennemie.

Conséquences :
- Marianne ne craint pas de rencontrer Robin et ses hommes.
- Robin ne veut pas qu'on attaque le carrosse de Marianne.
- Les hommes de Sherwood décident d'attaquer le carrosse qui entre dans la forêt.

Fiche 9 — Robin des bois, Karine Tournade

Prénom : _____

Chapitre 10. Donne un titre :
....

1/ Retrouve tous les mots synonymes des « hommes de Robin des Bois ».

2/ Relie les causes aux conséquences.

Causes :
- Les habitants de Nottingham ne pouvaient pas payer leurs taxes.
- Les pauvres gens de Nottingham avaient entendu parler de Robin.
- Robin avait appris aux bannis à reconnaître les armoiries du Prince Jean sur les carrosses.
- Frère Tuck pense que le carrosse du frère du comte sera très protégé par de nombreux soldats.
- Robin leur avait donné les pièces d'or amassées lors des attaques.
- Hans le forgeron fabriquait des dagues tranchantes pour les hommes de Sherwood.

Conséquences :
- Ils savaient choisir leur cible avant d'attaquer.
- Ils craignaient d'être pendus ou emprisonnés.
- Ils étaient venus rejoindre les chevaliers de Sherwood.
- Certains bannis avaient pu racheter une parcelle de terre.
- Il craint de perdre beaucoup d'hommes durant l'attaque.
- Ils avaient des armes redoutables.

3/ Ecris 2 phrases en associant les phrases de gauche à celles de droite, avec *alors*, *donc* ou *par conséquent*.

_____
_____
_____
_____

4/ Dessine rapidement comment sont positionnés les hommes prêts à l'attaque et le piège de Nick.

Robin des bois, Karine Tournade

Fiche 10

Prénom : ....

Chapitre 11. Donne un titre :

....

1/ Si l'attaque du convoi était un film, quelle bande-son choisirais-tu ?

2/ Relie les causes aux conséquences.

Causes

- Les hommes des bois se sont placés à l'avant et à l'arrière du convoi.
- Les hors-la-loi ne manquaient quasiment jamais leur cible.
- Le comte n'a jamais écouté les pauvres gens supplier qu'on ne tue pas leur famille.
- Robin veut que le frère aille porter un message au comte pour rétablir la justice.
- Robin ne cesse de penser à la rencontre avec Lady Marianne.
- Les hommes de Sherwood ont un énorme butin entre les pierreries et les victuailles.

Conséquences

- **Ils** avaient soit blessé soit tué les soldats du frère du comte.
- Robin ordonne qu'on prenne tous les coffres du frère de **celui-ci** sans exception.
- **Il** veut **le** garder en vie.
- **Il** est immobilisé dans la forêt.
- **Ils** se réjouissent en dansant autour des feux de bois.
- **Il** est mélancolique et ne prend pas part à la fête.

3/ Ecris 2 ou 3 phrases en associant les causes aux conséquences, avec les connecteurs *c'est pourquoi, c'est pour cela que, donc, par conséquent.*

4/ Débat des 4 coins : il est normal de rendre aux autres ce qu'ils nous ont fait.

The littérature 2, exploitations littéraires de romans et d'albums, cycle 3

Fiche 11 — Robin des bois, Karine Tournade

Prénom : _____

Chapitre 12. Donne un titre : ....

1/ Complète le tableau pour construire le plan du récit dans le chapitre 12.

Situation de départ : rappel des faits. Où ? Quand ? Qui ?	
Élément déclencheur : l'événement qui déclenche la réaction du shérif.	
La partie principale : que fait le shérif ? Quel est son plan ?	
Le dénouement : Le problème du shérif est résolu.	

2/ Le shérif pense que Mary va l'aider à tendre un piège à Robin. Et toi, qu'en penses-tu ? Rédige ses pensées.

_____
_____
_____
_____

3/ Inférence. Pourquoi Robin envoie-t-il son salut au shérif ? _____

4/ Dessine précisément le piège prévu par le shérif.

The littérature 2, exploitations littéraires de romans et d'albums, cycle 3

Robin des bois, Karine Tournade

Fiche 11b

Prénom : _____

Chapitre 12. Donne un titre :

....

1/ Complète le tableau pour construire le plan du récit dans le chapitre 12.

Situation de départ : rappel des faits. Où ? Quand ? Qui ?	
Élément déclencheur : l'événement qui déclenche la réaction du shérif.	
La partie principale : que fait le shérif ? Quel est son plan ?	
Le dénouement : Le problème du shérif est résolu.	

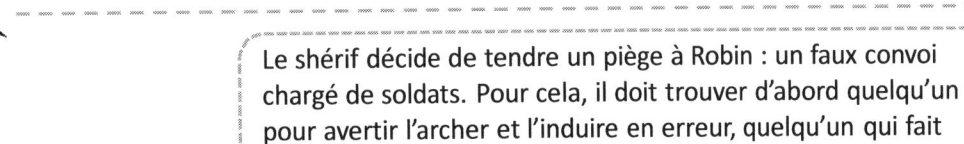

✂------------------------------

Le shérif décide de tendre un piège à Robin : un faux convoi chargé de soldats. Pour cela, il doit trouver d'abord quelqu'un pour avertir l'archer et l'induire en erreur, quelqu'un qui fait partie du camp de Robin des Bois.

Le shérif questionne agressivement de jeunes enfants qui parlent d'une femme dresseuse de loups qui vit dans la forêt. Le shérif décide que ce sera elle qu'il utilisera pour tendre un piège à Robin.

Pour le shérif, c'en est assez : sept convois pillés par Robin des Bois ! Le shérif est décidé à ne plus le laisser faire la loi à Sherwood. Le shérif a déjà essayé de l'arrêter mais il n'a pas réussi.

Le frère du comte arrive au château de celui-ci sans aucun cadeau, car il a été dépouillé par les hommes de Sherwood. Le shérif de Nottingham est présent.

The littérature 2, exploitations littéraires de romans et d'albums, cycle 3

Robin des bois, Karine Tournade

Fiche 11c

Prénom : _____

Chapitre 12. Donne un titre :
....

1/ Complète le tableau pour construire le plan du récit dans le chapitre 12.

Situation de départ : rappel des faits. Où ? Quand ? Qui ?	
Élément déclencheur : l'événement qui déclenche la réaction du shérif.	
La partie principale : que fait le shérif ? Quel est son plan ?	
Le dénouement : Le problème du shérif est résolu.	

2/ Colorie les sentiments qu'éprouve Mary depuis qu'elle sait que Robin est amoureux de Marianne.

- La gaieté
- La déception
- La pitié
- La peur
- La surprise
- La colère
- La jalousie
- Le chagrin
- L'ennui

3/ Inférence. Pourquoi Robin envoie-t-il son salut au shérif ? _____

4/ Recopie tous les noms donnés à Robin des bois dans ce chapitre. Tu verras, ces mots évitent les répétitions et énoncés dans la bouche du shérif, ils sont **péjoratifs** (négatifs, malveillants).

Robin des bois, Karine Tournade

Fiche 12

Prénom : _____

Chapitre 13. Donne un titre :
....

1/ Rédige les 4 étapes de la bataille, lors du piège tendu à Robin et à ses hommes.

1. _____ → 2. _____

3. _____ → 4. _____

2/ Relève les mots du champ lexical de la guerre (p. 102, 103).

3/ Le héros. Quelles sont ses intentions, maintenant que le bonheur est revenu à Sherwood ?

_____

Ce que dit le texte sur Robin	Ce que je comprends
-… répondit <u>gentiment</u> Robin qui avait bien compris la tendresse que lui portait cette ravissante créature.	
-Robin, qui comprenait mieux les choses de la guerre que les femmes …	
-C'est Mary, répondit <u>naïvement</u> Robin.	
-… Robin qui se battait comme un diable.	
-Mais Robin, malgré ses efforts, était en train de perdre beaucoup des siens.	

4/ Les inférences. Réfléchis à ces questions avant d'en débattre en classe.

a) Pourquoi Mary sanglote-t-elle ? _____

b) Mary use de tout son charme. Est-ce pour séduire Robin ? _____

Fiche 13 — **Robin des bois**, Karine Tournade

Prénom : _____

Chapitre 14. Donne un titre :

....

1/ Rédige l'affiche avec les informations du tournoi et illustre-la.

2/ Quelle est l'idée précise du shérif. Ecris ses pensées.

_____
_____
_____

3/ Robin déclare à la fin du chapitre « ma cible sera bien plus grandiose que celle que vous croyez ». Qu'a-t-il en tête ? Rédige ses pensées.

_____
_____
_____
_____

4/ Les inférences. Réfléchis à ces questions avant d'en débattre en classe.

  a) Pourquoi le shérif est-il certain que Robin va venir au tournoi ? _____
  _____

  b) Robin ne peut pas régler ses comptes avec Mary, qui a disparu. Qu'aurait-il fait d'après toi ?
  _____
  _____

5/ Débat des 4 coins : il faut tout pardonner, comme le dit Frère Tuck.

The littérature 2, exploitations littéraires de romans et d'albums, cycle 3

Fiche 14 — Robin des bois, Karine Tournade

Prénom : _____

Chapitres 15 et 16. Donne un titre :
....

1/ Dessine ce que fait Robin après avoir gagné le tournoi. Tu peux légender ton dessin.

2/ Que penses-tu de ce geste ? Ecris une lettre à Robin pour lui donner ton avis.

3/ Que deviennent les personnages ?

Robin

Marianne

Le roi Richard

4/ As-tu aimé l'histoire ? Quel est ton personnage préféré et pourquoi ?

Fiche 15 — Robin des bois, Karine Tournade

Son histoire passée

Ses lieux de vie

Son portrait physique

Le héros

Ses amours

Ses quêtes

Ses qualités / valeurs

Ses défauts

The littérature 2, exploitations littéraires de romans et d'albums, cycle 3

Ruby tête haute, Irène Cohen-Janca

Album sélectionné par le Ministère de l'Education Nationale qui a reçu de nombreux prix littéraires.

Il raconte l'histoire vraie de Ruby Bridges, l'une des premières enfants à la peau noire intégrant une école réservée à ceux qui ont la peau blanche, aux USA. Dans la Louisiane des années 1964, *Blancs* et *Noirs* ne se mélangent pas et Ruby ne peut aller étudier à l'école qui se situe près de chez elle, car elle lui est interdite. Mais la ségrégation vit ses dernières heures et pour la première fois, Ruby aura le droit d'intégrer l'école de proximité. C'est en croisant une foule particulièrement hostile et virulente qu'elle fera le chemin pour la première fois, tête haute.

Le livre a reçu le soutien d'Amnesty International pour les valeurs qu'il porte : la justice, le respect des différences et des droits de l'homme, la lutte contre la discrimination. Le sujet est **en lien avec le programme d'EMC** concernant la lutte contre les agissements à caractère discriminatoire et le racisme, l'égalité et le respect des autres. On travaille ainsi sur les compétences liées à la culture de la sensibilité (l'empathie), la culture de la règle et du droit (sens des lois pour protéger les personnes des discriminations) et la culture de l'engagement (savoir agir contre les discriminations).

Focus sur :
-La morale en question
-Héros et héroïnes

Comme le récit s'appuie sur des faits réels, le nourrissage culturel est important et apparaît à chaque épisode, donnant souvent lieu à des débats sur les valeurs morales portées par l'histoire. Le document d'accompagnement en EMC « égalité, diversité, discrimination » du MEN recommande d'inviter les élèves à argumenter contre les préjugés et les stéréotypes dans le cadre de discussions réglées ». Il précise aussi que « les élèves doivent sensibilisés aux politiques publiques engagées contre la discrimination ». Toutefois, il serait dommage de n'exploiter ce récit que du point de vue historique, en oubliant la dimension fictionnelle apportée par le texte et les illustrations, chargées de sens. On étudiera aussi les lieux, la chronologie, comment l'auteur s'y prend pour faire passer un message mais aussi les émotions, le point de vue de tous les personnages, leurs intentions, en tâchant de comprendre leur manière de penser et le sens de leurs actions. La séquence est prévue pour 5 semaines, à raison de 2 séances par semaine, mais vous pouvez prévoir 3 ou 4 séances hebdomadaires pour aller plus vite, car le récit touche particulièrement les élèves qui se mettent à la place de l'héroïne.

The littérature 2, exploitations littéraires de romans et d'albums, cycle 3

Ruby tête haute, Irène Cohen-Janca

Rappel. Lien de la playlist avec toutes les vidéos dans l'ordre :
https://tinyurl.com/242xjjzb

Organisation sur 5 semaines

	Etapes-clés du déroulement	Matériel, objectifs ciblés
Semaine 1	**1/ Le tableau, le contexte, la page 1.** -Montrer rapidement l'album. Expliquer que pour comprendre le récit de l'album, il faut **connaître le contexte de l'époque aux USA**, car l'histoire est inspiré d'une histoire vraie et même d'un tableau représentant une partie de cette histoire réelle. -**Présenter le tableau de Norman Rockwell**, *The problem we all live with*. Laisser les élèves s'exprimer sur ce qu'ils voient et sur ce qu'ils interprètent. Ne pas intervenir, si ce n'est pour donner des précisions sur ce qu'il y a à voir sur le tableau. -**Fiche 1** : rédiger seuls les parties « ce que je vois / ce que j'imagine ». -**Nourrissage culturel** : montrer la capsule vidéo sur le tableau. Au second visionnage, ils prennent des notes. Demander aux élèves ce qu'ils ont appris de plus et noter au tableau. -Montrer la vidéo sur la ségrégation. Au second visionnage, ils prennent des notes. Demander aux élèves ce qu'ils ont appris de plus et noter au tableau. Apporter les autres informations nécessaires. -Collectivement, rédiger au tableau les parties « ce que j'ai appris/ les procédés techniques ». **Recopier sur la fiche 1**. -Laisser les élèves remplir seuls la partie « ce que ressens ». -**Retour à l'album** (sans analyser la 1e et la 4e, encore). Lire la première page de « Ce matin-là » à « la maîtresse a commencé … ». Les élèves riront sûrement de voir que certains enfants ont fait les mêmes réflexions qu'eux. Demander qui est le narrateur ? Comment le sait-on ? **2/ Les premières et quatrièmes de couverture.** -Rappel de la séance précédente par les élèves volontaires. Insister sur le prénom de la petite fille, Ruby Bridges et sur le fait que c'est inspiré d'un tableau, lui-même inspiré d'une histoire vraie. -Donner les définitions de « ségrégation » et « US Marshal » uniquement grâce au contexte puis, chercher dans le dictionnaire. -**Fiche 2** : recopier les définitions. -**Observer la 1e de couverture**. Regroupement ou vidéoprojection de la couverture. **Echange oral** pour trouver des similitudes et des différences avec le tableau initial. Que veut dire « tête haute » ? Observer le visage des hommes et celui du chien. Tous semblent hostiles à cette petite fille. **Rappeler pourquoi**. Quels peuvent être leurs sentiments ? -**Fiche 2** : faire parler les personnages. Que peuvent-ils se dire ? Que peut penser Ruby ? Utiliser tout ce qui a été étudié du contexte dans la fiche 1, si nécessaire. -**Observer la 4e de couverture**. Remarquer que Ruby est dans le sens opposé aux autres enfants. Au début, on peut penser qu'elle marche à contre-courant des enfants blancs, mais tout en bas on voit des enfants à la peau noire. Alors, peut-être qu'elle les attend, qu'elle en accueille d'autres qui feront comme elle et iront à « l'école des balncs ». -**Lecture de la 4e** : rappeler la définition de « discrimination » ou chercher dans le dictionnaire, si cela n'a pas été travaillé en EMC. -**Capsule vidéo** : *Amnesty International*. Reformuler ce que l'on a appris. Rédiger une phrase courte collectivement pour expliquer leur travail et recopier sur la fiche. (Ils veillent à ce que le droit humain soit respecté).	**1/ -Le tableau** (celui de l'intérieur du livre peut faire l'affaire, même si c'est une reprise, sinon, le tableau se trouve sur internet. Taper « Norman Rockwell, the problem we all live with ». -**La fiche 1**. -**Vidéos** (playlist The littérature 2) : -Pour l'enseignant : https://tinyurl.com/y2363mj6 -Pour les élèves. L'étude du tableau : https://tinyurl.com/3ynk82un La ségrégation : https://tinyurl.com/4c27e3db Travail sur la prise de notes, les informations essentielles les personnages, le contexte. **2/ La fiche 2, l'album** Travail les informations essentielles les personnages, le contexte, la production d'écrits courts, la reformulation, le débat oral interprétatif. -La vidéo sur Amnesty International : https://tinyurl.com/4w96at8e

Ruby tête haute, Irene Cohen-Janca

	Etapes-clés du déroulement	Matériel, objectifs ciblés
Semaine 2	3/ La page « Je m'appelle Ruby Bridges … ». -Rappel de la séance précédente. -**Questions orales**. Relire la page « Ce matin-là … ». Qui est le narrateur ? (La petite Nora, une enfant de la classe). Quels mots montrent que nous sommes à notre époque ? Quelle phrase montre que cette histoire a touché Nora ? (la phrase où elle dit qu'elle a rêvé de Ruby). -Passer à la page « Je m'appelle Ruby Bridges … ». Lire la première phrase. Qui est le narrateur ? Cette fois, c'est Ruby qui parle d'elle-même. Ce n'est pas la maîtresse, comme on s'y attendait. Qu'est-ce qui marque le passage d'une époque à l'autre et le changement de narrateur ? (Du point de vue de l'illustration : la reproduction du tableau assure la transition. Du point de vue du texte : « la maîtresse a commencé …. »). 2ᵉ paragraphe : pourquoi l'auteure répète sans cesse le mot « **même** » ? (insistance pour marquer la discrimination). -**Fiche 3, activité 1** : donner un titre à chaque paragraphe. L'enseignant continue la lecture et fait une pause à la fin de chaque paragraphe pour que les élèves trouvent un titre (écoute active). -**Activité 2**. Laisser les élèves répondre à la question, en binôme. Mise en commun : identifier le restaurant (tablier, personnes face à face et l'inscription « white only »). Cela correspond au 2ᵉ paragraphe. -**La Louisiane** : identifier l'Etat sur la carte de la fiche puis, montrer la vidéo pour observer les arbres (appelés cyprès chauves) avec leurs racines qui trempent dans les marécages. La mousse s'appelle de la « barbe espagnole » en référence aux barbes des conquistadors de l'époque. **Activité 3** : dessiner le paysage décrit par Ruby. -**Activité 4** : faire des connexions. Répondre aux questions pour essayer de comprendre, en lien avec ses connaissances historiques. Mise en commun. Faire référence au commerce triangulaire et à l'esclavage en lien avec le programme d'Histoire pour comprendre les préjugés (EMC : culture de la sensibilité), au principe **d'égalité dans la devise** de notre pays et au fait que notre histoire est différente de celle des USA. **Rappeler qu'en France, le racisme n'est pas une opinion mais un délit** (EMC : culture de la règle et des droits, sens de la loi). Expliquer quelle est cette « drôle de bataille » (rétrospection). -**Activité 5** : On parle du président des USA. Mais qui était président à cette époque ? Regarder la capsule vidéo sur JFK. Elaborer collectivement une courte trace écrite et la recopier. Pour une écoute active, on peut proposer de prendre des notes sur : son nom, date de son élection, son action/son combat, année de son décès, circonstances de son décès. Retenir qu'il milite en faveur des familles, des personnes âgées, des pauvres, et contre la ségrégation. -Lecture par l'enseignant de la dernière page documentaire de l'album « la ségrégation aux Etats-Unis », 1ᵉʳ et dernier paragraphes seulement. 4/ Pages 4 à 7, de « Je vivais alors heureuse … » jusqu'à « tourbillon ». -Rappel de la séance précédente par les élèves volontaires. Rappeler ce que l'on a appris sur La Louisiane et JFK. -**Fiche 4, activité 1**. Lecture silencieuse et reformulation par des élèves interrogés, assistés par les camarades. Faire définir « métayer » grâce au contexte et compléter avec le dictionnaire. Evoquer les travaux effectués par les parents (pénibilité). Situer la Nouvelle-Orléans sur la carte. -Cela fait 2 fois que Ruby parle de son rôle dans l'Histoire. Pourquoi ?	3/ -L'album -La fiche 3 (tapuscrit dans le drive) -**Vidéos** (playlist The littérature 2) : -La Louisiane : https://video.link/w/z7UFd -JFK, pour l'enseignant : https://tinyurl.com/ecsj8bh6 -JFK, pour les élèves, à partir de 1mn 53 : https://tinyurl.com/hdrrbda8 Travail sur les informations essentielles, le narrateur, l'apport de l'illustration, les lieux, faire des connexions, le débat oral interprétatif. 4/ La fiche 4, l'album -Le dictionnaire (tapuscrit)

The littérature 2, exploitations littéraires de romans et d'albums, cycle 3

Ruby tête haute, Irène Cohen-Janca

	Etapes-clés du déroulement	Matériel, objectifs ciblés
	-Faire remarquer que les paragraphes ne sont pas dans l'ordre chronologique de la vie de Ruby. Laisser les élèves remettre dans l'ordre. La mise en commun doit est appuyée par des éléments du texte entourés. -**Les inférences**. La famille de Ruby était-elle pauvre ? Ce n'est pas écrit dans le texte mais on a des indices. Les faire relever en surlignant (**activité 2**). Justifier ses choix grâce à ses connaissances, lors de la mise en commun. Ex : ils n'ont pas de maison où habiter (ils habitent avec les grands parents, au début), pas de terre, etc… -Lecture par l'enseignant de la page 6 avec l'illustration p.7 à montrer ou à vidéo-projeter : de « Nous avions peu d'argent… » jusqu'à « tourbillon ». Faire reformuler par des élèves interrogés. Expliquer les mots « osselets » et « grand vent de l'Histoire ». -**Activité 3**. Prise de notes à la seconde relecture de la page : les petites joies de Ruby. Mise en commun. -**Activité 4** Définir ce que c'est « avoir des valeurs ». Compléter avec le dictionnaire. En gros, c'est une qualité, une pensée, une façon de faire qui fait que l'on estime les gens, qu'on les trouve « bien ». Les élèves relèvent sur leur cahier de brouillon les valeurs qu'ils trouvent à cette famille. Mise en commun, avec justification. Faire remarquer que ce sont des gens honnêtes et travailleurs, qui cherchent à évoluer pour améliorer leur vie et celle de leurs enfants, qui se soucient d'eux, qui s'en occupent et les font aller à l'école. -**Activité 5** en collectif et recopier la phrase élaborée collectivement. -**Activité 6** : donner d'abord des exemples à l'oral en cherchant les conséquences collectivement. Ex : « Les parents n'avaient pas de quoi se loger, c'est pourquoi … ils habitaient avec *les grands-parents paternels de Ruby/ leurs parents* ». Laisser les élèves travailler seuls puis comparer avec leur voisin. Mise en commun en faisant une phrase complète avec « c'est pourquoi ».	Travail sur les informations essentielles les personnages, le contexte, la production d'écrits courts, la reformulation, le débat oral interprétatif.
Semaine 3	5/ Pages 8 à 9, de « Un jour de l'été 1960 … » jusqu'à « notre peuple ». -En amont, faire chercher la définition de « pasteur ». -Rappel de du récit précédent par les élèves volontaires. Rappeler ce que l'on a appris les valeurs de la famille de Ruby et la définition du mot « valeur ». -Montrer l'illustration p.9 et demander aux élèves ce qu'ils en pensent. On voit les parents de Ruby avoir une discussion assez animée. Que peuvent-ils se dire ? (cela permet de créer une attente de lecture et de récapituler ce qui a été vu). Pourquoi l'illustrateur a dessiné Ruby dans l'ombre ? (car on ne lui demande pas son avis). -**Fiche 5, activité 1**. Laisser les élèves répondre seuls. Mise en commun. -Lecture par l'enseignant de la p.8 en entier. Puis, relecture du premier paragraphe. Ecoute active : chercher quelle est l'opinion du père et pour quelle raison. **Activité 2** : faire parler la mère de Ruby. -**Nourrissage culturel**. Qui sont ces gens qui se battaient pour l'égalité des droits entre Noirs et Blancs ? **Passer l'extrait vidéo du discours de Martin Luther King** « *I have a dream* ». Ecoute active : Quel est son rêve ? Appelle-t-il à la révolte et à la violence pour obtenir cette égalité ? Insister sur son message de non-violence et au fait qu'il ne veut pas non plus d'un racisme anti-blancs. Trace écrite collective au tableau, à recopier (**activité 3**). On peut faire remarquer que la mère de Ruby a le même souhait que Martin Luther King pour ses enfants.	5/ La fiche 5, l'album -Le dictionnaire (tapuscrit) -Vidéo pour l'enseignant : https://tinyurl.com/2adsypbk -Vidéo pour les élèves : https://tinyurl.com/72er5rj5 Travail sur les informations essentielles les inférences, le contexte, la reformulation, le débat oral interprétatif.

Ruby tête haute, Irene Cohen-Janca

	Etapes-clés du déroulement	Matériel, objectifs ciblés
Semaine 3	-**Activité 4** : Laisser les élèves travailler seuls et réfléchir aux questions. Mise en commun pour débattre de ses opinions, les justifier ou faire des connexions avec ses connaissances. 6/ Pages 10 à 13, depuis « Le 13 novembre 1960 … » jusqu'à « … qui m'attendait ». -En amont, faire chercher le mot « toréador ». -Rappel de du récit précédent par les élèves volontaires. Rappeler ce que l'on a appris sur Martin Luther King. L'enseignant peut lire les paragraphes 2 et 3 du documentaire « la ségrégation aux Etats-Unis », à la fin du livre. -**Montrer les illustrations p.11 et 13** et demander aux élèves ce qu'ils voient, ce qu'ils imaginent et ce qu'ils en pensent, pour travailler l'empathie (EMC : culture de la sensibilité). L'enseignant peut traduire ce qu'il y a écrit sur les panneaux. **Faire l'activité 1**. Mise en commun. Imaginer les pensées de Ruby en voyant cette colère et le poupon noir dans le cercueil. -**Lecture par l'enseignant de la p.10**. N'a-t-on pas déjà vu quelque chose qui ressemble à cette scène ? On arrive au moment du tableau peint par Norman Rockwell. -**Relecture de la p.10**. Ecoute active : un groupe est chargé de relever les mots qui montrent qu'on est au moment peint par le tableau (« entourée par les 4 grands officiers, j'essayais de ne pas regarder tous ces gens …») et un groupe qui note ce que Ruby imagine et comment elle décrit les gens (Mardi Gras, pantalons brillants, jupes colorées, manteaux de fourrure). Pourquoi Ruby n'est-elle pas habituée à voir des femmes habillées ainsi ? Mise en commun. **Faire l'activité 5**. -**Lecture par l'enseignant de la p.12 en entier**. Ecoute active : chercher la réponse aux **questions 3 et 4**. Compléter la fiche. -**Nourrissage culturel**. Expliquer que le terme « *chigeroo* » est un mot péjoratif pour désigner les Afro-américains que l'on pourrait traduire par « negro ». A noter que « *chigger* » en anglais est le nom d'un insecte parasite. -**Qu'est-ce qui montre que Ruby ne comprend pas la situation ?** Elle s'amuse à chanter la chanson raciste ! -**Préparer le débat oral** : laisser les élèves réfléchir seuls aux questions de l'activité 2 pour engager un débat interprétatif, avec argumentation. (EMC : culture de la sensibilité en exprimant son opinion + culture de l'engagement, en disant ce que l'on aurait fait à la place des parents de Ruby). Le débat oral en classe sur chaque question permettra aux élèves de compléter ou de modifier ce qu'ils ont écrit. A noter : les enfants blancs chantent la comptine raciste, ce qui laisse supposer qu'ils pensent comme leurs parents.	6/ La fiche 6, l'album -Le dictionnaire (tapuscrit) Travail les informations essentielles les inférences, la reformulation, la prise de notes, le débat oral interprétatif.

Ruby tête haute, Irène Cohen-Janca

	Etapes-clés du déroulement	Matériel, objectifs ciblés
Semaine 4	**7/ Pages 14 à 17, depuis « Elle m'a prise par la main… » jusqu'à « … m'emportait dans ses bras ».** -Rappel de du récit précédent par les élèves volontaires. Rappeler qui peut être la personne souriante. -**Montrer l'illustration p.15** et laisser les élèves s'exprimer. Ils remarquent que Ruby est seule et a l'air heureuse avec sa maîtresse. -**Lecture par l'enseignant du 1ᵉʳ paragraphe de la p.14** dans le but de cerner le caractère de cette maîtresse. Faire **l'activité 1** de la fiche et conclure qu'elle est gentille / bienveillante. Mise en commun avec justification. -**Apporter un complément d'information** : dans la réalité, on a dû faire venir une maîtresse de Boston car aucune de l'école William Franz n'a voulu enseigner à Ruby. Expliquer que dans le nord des USA, il y avait un peu moins de racisme que dans le sud où il y avait beaucoup d'esclaves dans les champs. -**Lecture par l'enseignant du 2ᵉ paragraphe p.14.** Faire **l'activité 2** seul et comparer en binôme, pour favoriser les échanges. On peut rédiger au brouillon, avant. Mise en commun pour valider ou non les propositions. **Insister sur l'égalité et la justice** : ce que l'on fait pour les enfants à la peau noire qui sont menacés, il conviendrait de le faire aussi pour les enfants à la peau blanche qui sont menacés. Pourquoi sont-ils menacés ? Car ils sont considérés comme des traîtres par les familles blanches en colère. -**Question à l'oral** : les parents qui remettent leurs enfants à l'école, sont-ils non racistes, selon vous ? (ne pas oublier qu'ils savent que Ruby n'est pas dans la même classe que les autres) ou l'ont-ils fait pour une autre raison (importance de l'école, à leurs yeux ou effectivement, ils sont non racistes) ? -**Débat des 4 coins à l'oral**. Affirmation : si Ruby venait dans la même classe que les enfants blancs, ces parents auraient quand même remis leurs enfants à l'école. Chaque élève se range sous l'affiche *Tout à fait d'accord, assez d'accord, pas trop d'accord, pas du tout d'accord*. Les élèves justifient leur choix. Ils peuvent changer d'affiche en cours de débat. (Réponse donnée à la séance suivante). -**Lecture par l'enseignant du 3ᵉ paragraphe p.14.** Essayer de mimer l'attitude et le signe de la main de la petite fille pour correspondre à l'interprétation de Ruby. Que pourrait dire cette petite fille à Ruby ? Faire **l'activité 3**. Lecture à la classe. -**Lecture par l'enseignant de la p.16. Questions orales** : Que manque-t-il à Ruby et qu'elle répète en boucle ? (Elle ne veut plus être seule). Pourquoi allumer des incendies ? Réfléchir à **la question 4** au brouillon. Mise en commun. Rédiger une phrase commune collectivement et la recopier. -**Montrer l'illustration p.17** : à quel paragraphe correspond l'illustration ? (Au cauchemar). Quel type de cauchemar a imaginé l'illustrateur, selon vous ?	**7/ La fiche 7, l'album** (tapuscrit) Travail sur les inférences, la reformulation, l'argumentation, les connexions à ses connaissances, le débat oral interprétatif. -Exemple de fonctionnement d'un débat des 4 coins : https://tinyurl.com/ctsc9m5w

Ruby tête haute, Irene Cohen-Janca

	Etapes-clés du déroulement	Matériel, objectifs ciblés
Semaine 4	8/ Pages 18 à 21, depuis « Tous nos voisins... » jusqu'à « ... parce que tu es noire ». -Rappel de du récit précédent par les élèves volontaires. Insister sur la protection nécessaire des familles blanches considérées comme des traîtres, et sur les raisons de la perte du travail du père de Ruby. -**Montrer l'illustration p.19** pour créer une attente de lecture. On dirait que Ruby a gagné un prix, peut-être a-t-elle été la meilleure élèves ? Ou c'est un certificat de l'école pour dire que Ruby est bien inscrite, ou c'est un discours pour la paix … -**Lecture par l'enseignant de la page 18** pour dérouler le scénario dans sa tête et valider les hypothèses : ce que tient le père, c'est sûrement la lettre de la femme de l'ancien président. **Complément d'information avec la courte capsule vidéo :** Eisenhower a été Président des Etats-Unis de 1953 à 1961. Noter qu'avant JFK, Eisenhower avait déjà commencé à lutter contre la ségrégation, outre son rôle dans la seconde guerre mondiale (pour faire un lien avec l'Histoire). -**Relecture du 1ᵉʳ paragraphe de la p.18.** -**Questions orales sur l'ardoise**, pour réfléchir individuellement : pourquoi les voisins surveillaient-ils la maison ? Qui pouvait vouloir leur faire du mal ? Quel mot correspond à cette entraide des voisins ? C'est le mot *solidarité/solidaire*. Faire chercher dans le dictionnaire si nécessaire. L'épeler, faire des phrases exemples, évoquer des situations connues qui expliquent ce mot. -**Lecture par l'enseignant des 2ᵉ et 3ᵉ paragraphes.** Faire **l'activité 2**, à l'oral d'abord pour donner quelques idées et réemployer le mot *solidaire*. Compétence travaillée en EMC : culture de la sensibilité, l'empathie. -Evoquer Steinbeck, l'écrivain. Faire **l'activité 1** au brouillon, autour du mot *courage*. Travail en binôme. Mobiliser les dictionnaires, les dictionnaires de synonymes et contraires, les tablettes et ordinateurs. Mise en commun et recopier au propre sur la fiche. -**Lecture par l'enseignant de la p.20** pour dérouler le scénario dans sa tête et cerner le caractère de Ruby. Souligner qu'elle n'est jamais dans la haine. On parle encore du mot *courage*. -**Relecture du second paragraphe p.20** : faire **l'activité 3**. -Relecture du dernier paragraphe p.20 : la phrase du garçon permet de répondre à la question du débat des 4 coins de la séance précédente. Les parents ont remis leurs enfants à l'école mais ne l'auraient pas fait si Ruby avait été dans la même classe …	8/ La fiche 8, l'album -Dictionnaire -tablettes ou ordinateurs, si possible (tapuscrit) Travail sur les inférences, la reformulation, le lexique, la production d'écrit court, les connexions aux informations historiques. -Vidéos sur le démantèlement : https://tinyurl.com/3ktzzx2r https://tinyurl.com/xzvyp9s -Vidéo facultative sur Steinbeck (sous-titrée) : https://tinyurl.com/3zdhvux3

Ruby tête haute, Irene Cohen-Janca

	Etapes-clés du déroulement	Matériel, objectifs ciblés
Semaine 5	**9/ Pages 22 à 25, depuis « Alors, tout d'un coup... » jusqu'à « ... transformée pour toujours ».** -**Rappel du travail sur le lexique** de la séance précédente. Rappel de la définition de *solidaire* (sur ardoise), jeu d'épellation des mots de la même famille (rappelés par les élèves), donner une phrase exemple reprenant les expressions autour du mot *courage*, jeu de pendu pour le mot *lâcheté*. -**Montrer l'illustration p.23** pour créer une attente de lecture. On reconnaît la 4e de couverture. Quelles hypothèses peut-on faire ? Les choses ont changé, il y a des blancs et des noirs, pourtant Ruby semble être toujours seule. Pourquoi ? -**Lecture de la page 22 par l'enseignant.** Ecoute active : **prendre des notes** sur ce qui a changé par rapport à la première fois où Ruby a été à l'école des blancs. Mise en commun pour compléter ses notes dans **l'activité 1**. -Faire **l'activité 2** au brouillon, autour du mot *courage*. Travail en binôme. Mobiliser les dictionnaires, les dictionnaires de synonymes et contraires, les tablettes et ordinateurs. Mise en commun et recopier au propre sur la fiche. Pourquoi Ruby semble seule ? Elle n'a plus sa maîtresse, son amie. -**Comment l'auteur s'y prend-il** pour montrer la peine de Ruby ? Il répète deux fois « Où est Mme Henry ? », « Personne ... », et il ajoute « Mon cœur était brisé ». -**Lecture silencieuse de la page 24 par les élèves.** Reformulation par des élèves volontaires. Expliquer « l'accent que j'avais attrapé » : c'est comme attraper une maladie. Pourquoi ? (moqueries -> mal-être). -**Comment l'auteur s'y prend-il** pour montrer que les choses sont encore difficiles pour Ruby ? Accumulation de phrases négatives : les surligner dans le tapuscrit. -**Débat** : qu'est-ce qui pose problème cette fois, après la couleur de peau ? L'accent. Trouver d'autres raisons actuelles qui peuvent conduire quelqu'un à se sentir différent et donc à subir des moqueries. **Faire l'activité 3.** **10/ Pages 26 à 27, depuis « La maîtresse a conclu... » jusqu'à « ... nos cœurs battaient à l'unisson ».** -**Rappel du travail sur le lexique** de la séance précédente. Jeu d'épellation des mots de la même famille (rappelés par les élèves), donner une phrase exemple reprenant les expressions autour du mot *colère*, jeu de pendu pour le mot *courroux*. -**Montrer l'illustration p.25** : qu'est-ce qui fait que maintenant Ruby peut marcher la tête haute ? (Rappeler les changements qui ont eu lieu l'année d'après). -**Lecture de la page 26 par l'enseignant.** Ecoute active : à quelle époque sommes-nous ? Justifier. Mise en commun et compléter **l'activité 1**. -**Montrer la vidéo 1 de Ruby Bridges.** Ecoute active : qu'est-elle devenue, aujourd'hui ? C'est une question que posent souvent les enfants depuis le début de l'album. Ils vont enfin avoir leur réponse. **Montrer la vidéo 2** avec le Président Obama qui a mis son tableau dans son bureau et qui lui dit que sans elle, il ne serait pas là. Pourquoi ? (il a pu étudier à l'université depuis la déségrégation). Compléter **l'activité 2**.	9/ La fiche 9, l'album -le tapuscrit de cet épisode (dans le drive) Travail sur les inférences, la reformulation, le lexique, le débat oral. 10/ La fiche 10 ou 10 bis, l'album -Vidéos : https://tinyurl.com/2haafdf6 https://tinyurl.com/u39yznsu

Ruby tête haute, Irène Cohen-Janca

	Etapes-clés du déroulement	Matériel, objectifs ciblés
Semaine 5	-**Au choix,** la fiche 10 si vous souhaitez axer votre travail un peu plus sur l'EMC ou la fiche 10 bis si vous voulez travailler sur le texte littéraire. **Pour l'activité 3 :** **Fiche 10** : quel est le rôle de l'école ? Favoriser le Vivre Ensemble, permettre la même culture pour tous, informer, faire réagir, faire réfléchir, développer l'empathie et la sensibilité. **Fiche 10 bis** : comparer le rêve de Nora au début et à la fin pour voir ce qui a changé par rapport au début. Son rêve est en rapport avec l'histoire de Ruby et les changements. Elle s'est identifiée à cette petite fille. C'était le but de l'auteur en faisant parler Ruby … -**Activité 4** : donner son avis. Les élèves réagissent d'abord à l'oral car ils ont forcément été touchés. Parler des émotions ressenties pour favoriser l'empathie et la sensibilité (EMC). **PROLONGEMENTS POSSIBLES.** -Mise en réseau avec d'autres albums sur le même thème : -**Le bus de Rosa**, Fabrizio Silei, Ed. Sarbacane. -**Henry et la liberté** : une histoire vraie, Kadir Nelson, Editions des Eléphants. -**Cours**, Davide Cali, Ed. Sarbacane. -**J'ai réussi : Rosa Parks contre le racisme**, Eric Simard, Ed. Oskar. -**BD Lulu et Nelson**, tome 1, Cap sur l'Afrique. Ed. Soleil -La capsule vidéo de Rosa Parks : https://tinyurl.com/dujbrdsz On peut créer une carte mentale pour retenir l'essentiel. -Le téléfilm *Le combat de Ruby Bridges*, Disney. On peut montrer quelques extraits. -Mise en scène. On peut prévoir une mise en scène de l'histoire de Ruby. Cela a été fait avec ma classe. Plusieurs élèves ont joué le rôle de Ruby et il a fallu récrire une partie du récit sous forme de dialogues. -Arts plastiques / EMC. On peut prendre les élèves en photos pour recréer le tableau de Norman Rockwell. En revanche, on remplacera les insultes racistes sur le mur par un texte écrit par les élèves contre le racisme. EMC : culture de la sensibilité / sens de l'empathie. -Continuer le travail sur le lexique. -Avec le dictionnaire, recherche en réseau autour **des mots-clés du livre** : **différence, discrimination, racisme, dignité**. Dans les fiches-élèves, seuls les mots *colère* (pour la foule) et *courage* (pour Ruby) ont été retenus. -**Travail sur les expressions autour du corps et le sens figuré** : *marcher tête haute, marcher sur la tête, payer rubis sur l'ongle, faire des pieds et des mains, prendre les jambes à son cou, dormir sur ses 2 oreilles, avoir la langue bien pendue, etc ….* -Ecrire. **Histoires à écrire, le bus**, Ed. Retz	Travail sur les inférences, la reformulation, le débat oral, le point de vue personnel et les émotions face à cette histoire. N'hésitez pas à relayer vos réalisations sur le groupe privé Facebook de *The Littérature*, le groupe d'entraide.

Fiche 1 — Ruby tête haute, Irène Cohen-Janca

Prénom : _____

Le tableau

- ce que j'imagine
- ce que je ressens
- les procédés techniques de l'artiste
- ce que je vois
- ce que j'ai appris

Norman Rockwell
The problem we all live with
1964
Norman Rockwell Museum, Massachussets

The littérature 2, exploitations littéraires de romans et d'albums, cycle 3

Fiche 2 — Ruby tête haute, Irene Cohen-Janca

Prénom : _____

La première et la quatrième de couverture

1/ Ecris la définition de ces mots.

Ségrégation :

US Marshal :

Marcher la tête haute :

2/ Ecris les pensées des personnages, grâce à tout ce que tu as appris. Quels sentiments dominent ?

3/ Que fait l'association Amnesty International ?

AMNESTY INTERNATIONAL

The littérature 2, exploitations littéraires de romans et d'albums, cycle 3

Fiche 3 — Ruby tête haute, Irene Cohen-Janca

Prénom : _____

Pages 2 et 3
Qui est le narrateur ? ....

1/ Donne un titre à chaque paragraphe.

Paragraphe 1	
Paragraphe 2	
Paragraphe 3	

2/ A quel paragraphe correspond l'illustration ? Justifie avec les mots du texte.

_____

_____

3/ Regarde la vidéo sur les marécages de Louisiane.
Dessine le paysage décrit par Ruby dans le 1er paragraphe.

4/ Je fais des connexions. Réfléchis à ces questions avant d'en parler avec la classe.

a) Pourquoi, selon toi, certains « Blancs refusaient de vivre avec les Noirs » ?

_____

_____

b) Es-tu surpris de lire cela ? Est-ce que cela se produit, de nos jours, dans notre pays ?

_____

_____

c) A quoi fait référence Ruby lorsqu'elle dit « Il a fallu beaucoup de temps et de peine avant que <u>cela</u> commence à changer » ?

_____

5/ Regarde la vidéo sur le président des Etats-Unis en 1960. Ecris ce que tu as retenu.

_____

_____

Fiche 4 — Ruby tête haute, Irène Cohen-Janca

Pages 4 à 7

Prénom : _____

1/ Numérote les paragraphes du texte et remets-les dans l'ordre chronologique de la vie de Ruby. Entoure les mots qui t'ont aidé(e).

Je vivais alors heureuse avec mes parents, mes frères et sœurs, mes amis. C'était comme un monde à part, nous étions tous noirs et je trouvais ça normal de vivre ainsi. Même si l'école où j'allais était très éloignée de la maison, alors que, tout près de chez nous, il y avait l'école William Frantz. Mais seuls les enfants blancs avaient le droit d'y entrer.

Quand je suis née, mes parents habitaient avec mes grands-parents paternels qui étaient métayers. Les métayers ne possèdent pas de terres, ils travaillent pour des propriétaires.

La vie était alors très difficile. Il arrivait que ma mère porte jusqu'à quarante kilos de coton sur son dos. Quand j'ai eu 4 ans, nous sommes allés nous installer dans la grande ville de La Nouvelle-Orléans pour chercher une vie meilleure.
Mon père était employé dans une station service et ma mère faisait des ménages la nuit dans des hôtels de la ville.
Parfois, elle exerçait des métiers bizarres. Elle nous racontait en riant comment elle avait fabriqué des cercueils dans une usine et comment, pendant leur pause du midi, elle et les autres ouvrières faisaient une sieste dans un cercueil.

2/ Les inférences. Surligne dans le texte ce qui montre la pauvreté de la famille de Ruby.

3/ Relève les joies de Ruby.

4/ Relève les « valeurs » de la famille de Ruby.

5/ Que penses-tu des valeurs de la famille de Ruby ?

_____

_____

6/ Ecris les conséquences.

	c'est pourquoi
Ils voulaient une vie meilleure.	
L'école William Frantz est réservée aux enfants blancs.	
La grand-mère fait travailler les enfants dans la ferme.	

The littérature 2, exploitations littéraires de romans et d'albums, cycle 3

Fiche 5 — Ruby tête haute, Irene Cohen-Janca

Prénom : _____

Pages 8 à 9

1/ Avant la lecture, observe l'illustration p.9 : d'après toi, de qui s'agit-il et que se passe-t-il ?

_____
_____

2/ Après la lecture, fais parler la mère de Ruby.

Novembre 1960. La Cour Suprême des Etats-Unis impose la fin de la ségrégation dans les écoles.

_____
_____
_____

3/ « Ils se battaient contre l'égalité des droits entre les Noirs et les Blancs ». Regarde l'extrait de la vidéo du pasteur Martin Luther King « I have a dream... ». Quel est son rêve ?

_____
_____

Est-ce un message de paix ou de révolte contre les Blancs ?

_____

4/ Débat oral. Réfléchis avant d'en parler avec tes camarades de classe.

a) Que répondrais-tu au père de Ruby quand il dit « Jamais il n'y aura de mélange » ?

_____
_____

b) « Et puis ma mère ne m'a dit ce qui m'attendait vraiment ... ». Qu'est-ce qui attend Ruby, selon toi ?

_____
_____

c) Selon toi, la mère de Ruby avait-elle raison de ne pas avertir sa fille de ce qui l'attendait ?

_____
_____

d) « Elle a ajouté que je ferai honneur à mon peuple ». Pourtant, Ruby, qui a 6 ans, ne comprenait pas quelle était son importance dans cette histoire. Recopie une phrase qui le montre.

_____
_____

The littérature 2, exploitations littéraires de romans et d'albums, cycle 3

Fiche 6 — Ruby tête haute, Irène Cohen-Janca

Prénom : _____

Pages 10 à 13

1/ Avant la lecture, observe les illustrations p.11 et 13. Complète :

- ce que je vois
- ce que j'imagine
- ce que j'en pense

2/ Débat oral. a) Es-tu choqué(e) par l'attitude des parents ? _____

b) Selon toi, les enfants de l'école pensent-ils la même chose que leurs parents ?
_____

c) Et toi, qu'aurais-tu fait à la place de ces enfants ? _____

d) Ruby avait-elle besoin de courage, en fin de compte ? _____

3) Rétrospection. Pourquoi n'y avait-il aucun enfant dans l'école ?
_____

4) Anticipation. Qui est la « femme blanche, souriante », selon toi ?
_____

5/ Après lecture de la p.10, dessine ce que Ruby imagine en voyant cette foule, surtout.

The littérature 2, exploitations littéraires de romans et d'albums, cycle 3

Fiche 7 — Ruby tête haute, Irene Cohen-Janca

Prénom : _____

Pages 14 à 17

1/ Surligne dans le texte ce qui montre la bienveillance de la maîtresse de Ruby.

Elle m'a prise par la main et emmenée au deuxième étage.
Elle a ouvert la porte d'une classe et m'a dit d'entrer et de m'installer.
La classe était vide. Il y avait des rangées de bureaux, des chaises, un tableau, mais aucun enfant.
Nous étions seules, elle et moi.
Elle, c'était madame Barbara Henry, ma nouvelle maîtresse, celle qui avait accepté de me faire la classe.
Tout de suite, j'ai aimé madame Henry.
Apprendre avec elle était un jeu. J'ai appris à bien lire et bien écrire. J'ai découvert les mathématiques, l'histoire et la géographie.
Elle me disait que j'étais bonne élève, me félicitait d'affronter la foule avec calme et courage.

2/ Explique les éléments du texte qui sont surlignés.

Je sais que des parents ont essayé d'amener leurs enfants à l'école. Mais c'était dangereux et il n'y avait pas de policiers pour les protéger.
Sous les cris et les menaces de la foule, quelques enfants entraient vite dans l'école et rejoignaient une classe très éloignée de la mienne.

- Pourquoi ? _____
- Est-ce normal qu'ils n'en aient pas ? _____
- Pourquoi « très éloignée » ? _____
- Quel genre de menaces, selon toi ? _____

3/ Ecris ce que cette petite fille pourrait dire à Ruby.

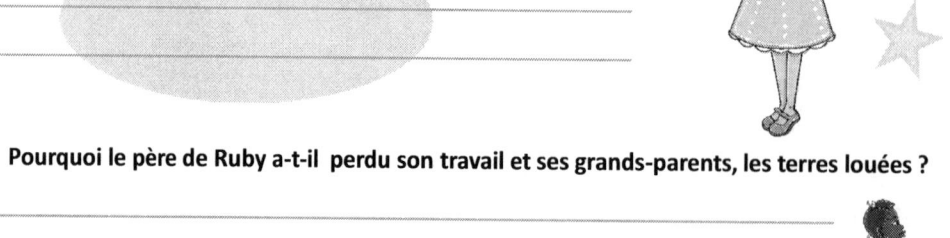

_____

4/ Inférences — Pourquoi le père de Ruby a-t-il perdu son travail et ses grands-parents, les terres louées ?

_____

Quelles sont les autres conséquences négatives de la déségrégation ?

_____

The littérature 2, exploitations littéraires de romans et d'albums, cycle 3

Fiche 8 — Ruby tête haute, Irène Cohen-Janca

Prénom : _____

Pages 18 à 21

1/ Autour du mot *courage*. Cherche en utilisant tes connaissances, ton dictionnaire ou internet.

Définition

Une phrase exemple

Mots de la même famille

Le courage

Expressions

Synonymes

Contraire

2/ Ecris toi aussi un message de soutien à la famille de Ruby. Réutilise le mot « solidaire ».

Les sentiments de la famille Bridges

3/ Surligne dans le texte ce qui montre que les choses s'arrangent légèrement et que la colère s'essouffle.

> Peu à peu, il y a eu moins de monde devant l'école.
> La foule devenait plus petite.
> A la fin de l'année, beaucoup d'autres enfants sont revenus à l'école.
> Mais l'école était très grande et leurs classes étaient très loin de la mienne.
> Et je restais seule avec madame Henry.
> Parfois j'entendais leurs rires, leurs cris et cela me faisait un peu de la peine.
> Un jour enfin, j'ai eu l'autorisation d'aller les rejoindre dans la cour, pendant la récréation.

The littérature 2, exploitations littéraires de romans et d'albums, cycle 3

Fiche 9 — Ruby tête haute, Irene Cohen-Janca

Prénom : _____

Pages 22 à 25

1/ Ecris ce qui a changé.

AVANT	L'ANNEE SUIVANTE
Des policiers ont escorté Ruby à l'école.	
Une foule en colère attendait Ruby tous les jours.	
Ruby était la seule enfant à la peau noire.	
Un seul professeur s'occupait uniquement de Ruby.	
Ruby avait une gentille maîtresse souriante.	

2/ Le titre. Pourquoi Ruby peut-elle marcher a tête haute ? _____

3/ Autour du mot *colère*. Cherche en utilisant tes connaissances, ton dictionnaire ou internet.

Définition

Une phrase exemple

Mots de la même famille

La colère

Expressions

Synonymes

Contraire

4/ Il n'y a pas que la couleur de peau qui peut nous faire penser qu'on est différent. Quoi d'autre ?

Il peut y avoir _____

The littérature 2, exploitations littéraires de romans et d'albums, cycle 3

Fiche 10 — Ruby tête haute, Irene Cohen-Janca

Prénom : _____

Pages 26 à la fin.

1/ Explique les éléments du texte qui sont surlignés.

Quelle maîtresse ?
_____
_____
_____

> La maîtresse a conclu :
> -Voilà l'histoire de Ruby Bridges. Après l'école Frantz, elle a fait de belles études puis, durant toute sa vie, elle a continué à lutter pour que les enfants noirs aient les mêmes chances que les enfants blancs. A la fin de l'histoire de Ruby, **nous sommes restés longtemps silencieux**.

A quelle époque sommes-nous ?
_____
_____
_____

Qui est-ce ?
_____
_____

Pourquoi, selon toi ?
_____
_____

2/ Qu'est devenue Ruby Bridges ? _____
_____
_____

3/ Quel a été le rôle de l'école pour Ruby et pour Nora ?

_____
_____
_____

4/ Ton avis. Ecris ce que tu as aimé dans ce livre.

Dessine un passage qui te tient à cœur ou écris ce que tu n'as pas aimé dans ce livre ou quelque chose que tu as envie de dire.

The littérature 2, exploitations littéraires de romans et d'albums, cycle 3

Fiche 10 bis — Ruby tête haute, Irene Cohen-Janca

Prénom : _____

Pages 26 à la fin.

1/ Explique les éléments du texte qui sont surlignés.

Quelle maîtresse ?
_____
_____
_____
_____

La maîtresse a conclu :
- Voilà l'histoire de Ruby Bridges. Après l'école Frantz, elle a fait de belles études puis, durant toute sa vie, elle a continué à lutter pour que les enfants noirs aient les mêmes chances que les enfants blancs. A la fin de l'histoire de Ruby, nous sommes restés longtemps silencieux.

A quelle époque sommes-nous ?
_____
_____
_____
_____

Qui est-ce ?
_____
_____

Pourquoi, selon toi ?
_____
_____
_____

2/ Qu'est devenue Ruby Bridges ? _____
_____
_____

3/ Qu'est-ce qui a changé dans le rêve de Nora, par rapport à celui du début ? Pourquoi ?

4/ ton avis. Ecris ce que tu as aimé dans ce livre.

Dessine un passage qui te tient à cœur ou écris ce que tu n'as pas aimé dans ce livre.

Enquête au collège, P.P Cul-Vert détective privé, Jean-Philippe Arrou-Vignod

Le genre policier possède un champ lexical particulier. Il permet de travailler sur l'émission d'hypothèses, la déduction, la justification, autant de compétences communes à l'enquêteur et au lecteur. Les élèves vont pouvoir jouer les détectives en s'appuyant sur les illustrations et le texte. L'attention et la mémoire sont sans cesse mobilisées et la prise de notes prend tout son sens dans cette étude littéraire. Dans l'histoire, les indices nous sont donnés progressivement pour maintenir le suspens et orienter le lecteur vers une fausse piste. Ce récit présente l'avantage de ne pas reposer sur un meurtre, afin de ne pas déranger les âmes sensibles. Il s'agit uniquement d'une affaire de disparition de bijoux et de personnages inquiétants, un peu « sorciers ». Le choix culturel s'est porté sur un ouvrage de la littérature de jeunesse contemporaine, issu d'une série, où les 3 héros sont des enfants au caractère bien différent, ce qui permettra à chacun de s'identifier. La difficulté vient du fait que le narrateur de chaque chapitre alterne. Le langage est parfois soutenu, lorsque c'est Pierre-Paul qui évoque les événements, ce qui contribue à enrichir le lexique.

Focus sur :
- Vivre des aventures
- Héros et héroïnes

Dans cette séquence, le travail porte sur les personnages, le lexique, la production d'écrits courts, l'anticipation, l'émission d'hypothèses, la prise de notes, les inférences, le rappel de récit, les connexions et la lecture à haute voix.

La séquence est prévue pour 7 semaines, à raison de 2 séances par semaine, mais vous pouvez prévoir 3 ou 4 séances hebdomadaires pour aller plus vite, car les élèves auront du plaisir à avancer quotidiennement dans l'histoire où chaque chapitre s'achève sur un moment de suspense.

The littérature 2, exploitations littéraires de romans et d'albums, cycle 3

Enquête au collège, P.P Cul-Vert détective privé, Jean-Philippe Arrou-Vignod

Organisation sur 7 semaines

	Etapes-clés du déroulement	Matériel, objectifs ciblés
Semaine 1	**1/ Première et quatrième de couverture.** -**Le lexique, avant étude de la couverture** : faire rechercher les mots « rocambolesque », « hôtesse » et « cottage » (+ « séjour linguistique »). Utiliser une image trouvée sur le net pour illustrer chaque mot au tableau, pour mémoire, si nécessaire. Préciser « Orient » et « Outre-Manche » avec un planisphère. -**Observer les illustrations et lire la 4ᵉ de couverture** dans le but de répondre à la question : de quel genre littéraire s'agit-il et quels sont les mots-clés qui le prouvent ? (lecture-active). La recherche se fait individuellement, puis on compare en binôme. Compléter l'activité 1. Mise en commun. -Demander aux élèves s'ils connaissent des romans policiers, ce qui les caractérisent, s'ils connaissent d'autres mots que l'on y trouve généralement. -**Chercher les lieux de l'aventure et le nom des personnages** pour compléter le reste de l'activité 1. Mise en commun. -L'auteur, sur la 4ᵉ de couverture, a lui-même choisi 3 mots-clés en rouge : *aventure, rocambolesque, drôlerie*. Faire relever les mots du texte de la 4ᵉ en rapport avec chaque mot-clé. Ex : pour « drôlerie » : il y a le nom de « PP Cul-Vert » et l'expression « pour les embrouiller », ce qui laisse présager des quiproquos. -**Visionner l'interview de l'auteur**. Prise de notes sur le caractère des héros. Les élèves vont être gênés pour les garçons, car l'auteur ne précise pas de qui il parle. Proposer de lire simplement le début du chapitre 1 : c'est PP qui parle et on le sent déjà bien vaniteux ! Compléter l'activité 2. Variante : aller voir la description de PP par l'éditeur. -**Production d'écrits**. Demander de rédiger le texte du scénario en réutilisant un maximum de mots de l'activité 1 (reformulation avec ses propres mots). Rédiger au brouillon, puis, après une correction différée, lecture à la classe pour valoriser les productions. Pendant la rédaction, l'enseignant peut intervenir pour aider à trouver des synonymes de « inquiétante » et de « lugubre ». **Variante** : plutôt que de faire rédiger le scénario, les élèves peuvent rédiger des questions qu'ils aimeraient poser à l'enseignant. Ex : est-ce qu'il va y avoir une histoire de sorcellerie, aussi ? Est-ce que les héros vont se faire attaquer au couteau ? Est-ce que ça se passe à Londres ? Etc … Cela créera des attentes de lecture … **2/ Chapitres 1 et 2.** -Rappel de tout ce que l'on sait déjà des personnages et de l'intrigue. Rappel des mots de vocabulaire étudiés. -**Le lexique, avant étude** : montrer sur une image à quoi correspondent les mots « bastingage », « car-ferry » et « agonie » (+ « intempéries »). Expliquer que « Pharamon » est le nom de famille de Rémi. -**Lecture pas à pas du chapitre 1 par l'enseignant**, de manière expressive, **en mimant les actions**, car PP parle en utilisant beaucoup d'expressions imagées. S'arrêter à chaque paragraphe pour faire reformuler. Compléter les activités 1 & 2. -Donner un autre titre au ch.1 (ex : *P.P est malade en bateau*).	1/ Fiche 1 -interview : https://tinyurl.com/3bc54txn -Travail sur la prise de notes, le lexique, la production d'écrits courts. Rappel. Lien de la playlist avec toutes les vidéos dans l'ordre : https://tinyurl.com/242xjjzb -Lien de la description éditeur : https://tinyurl.com/59a8yyfp Devoirs : revoir les nouveaux mots de vocabulaire étudiés. 2/ Fiche 2 ou 2b -Travail sur la prise de notes, le lexique, la production d'écrits courts (fiche 2b), la lecture à haute voix.

Enquête au collège, P.P Cul-Vert détective privé, Jean-Philippe Arrou-Vignod

	Etapes-clés du déroulement	Matériel, objectifs ciblés
Semaine 1	-**Lecture par l'enseignant du chapitre 2. Prise de notes** sur ce que l'on sait des familles qui vont accueillir nos 3 héros. Mise en commun. -Compléter l'activité 3. **Variante fiche 2b** : « Si seulement j'avais su ce qui nous attendait, je serais remonté dans le car et rentré aussitôt en France ». Qu'est-ce qui peut bien les attendre ? -**Questions orales.** Vérifier la bonne compréhension : qui est Mlle Pencil ? Mr Bird ? Pourquoi fait-il l'oiseau ? Pourquoi PP et Rémi se retrouvent chez la veuve ? Où va se passer l'intrigue ? -**Lecture à haute voix expressive** : p.12, 13 (Mlle Pencil, Mr Bird)	Devoirs : lire le chapitre 3.
Semaine 2	**3/ Chapitres 3 et 4.** -Rappel de tout ce que l'on sait déjà sur les familles d'accueil. Rappel des mots de vocabulaire étudiés. -**Le lexique, avant étude** : montrer sur une image à quoi correspondent les mots « proéminente », « hareng-saur », « protège-dents ». Situer l'Inde sur un planisphère. -**Lecture du chapitre 3 par l'enseignant ou par des élèves volontaires.** Prise de notes, pour une écoute active : relever tous les passages qui montrent que Mrs Moule roule très vite. Mise en commun. Compléter l'activité 1. -**Questions orales.** Vérifier la bonne compréhension : qu'est-ce que « la boîte à sardines » ? Que signifie « rouler à tombeau ouvert » ? « Je reviens du manoir » : de quel manoir parle-t-elle ? (on ne le sait pas, mais le manoir aura son importance dans les chapitres suivants …) -**Tapuscrit de Mrs Moule** : surligner les éléments à retenir pour pouvoir dessiner son portrait physique. Cela servira à légender le dessin et à vérifier que rien n'a été oublié. Compléter l'activité 3. -**Lecture du chapitre 4 par l'enseignant.** Prise de notes, pour une écoute active : relever tous les mots du champ lexical de la peur/Halloween. Mise en commun. Compléter l'activité 2. -**Production d'écrit** : activité 4. Rémi n'a pas dit grand-chose. Dans le chapitre 3, on nous dit qu'il était tétanisé comme s'il avait vu le diable en personne. Ecrire ce que peut dire Rémi à PP, maintenant qu'ils sont en tête à tête. Contrainte : réutiliser le lexique de l'activité 4. **Mise en scène du texte écrit ou lecture à la classe.** PROLONGEMENT : on peut acheter des *Cream Crackers* anglais pour faire goûter aux élèves (en faisant attention aux PAI). **4/ Chapitres 5 et 6.** -Rappel de tout ce que l'on sait déjà sur les familles d'accueil. Rappel des mots de vocabulaire étudiés. -**Le lexique, avant étude** : montrer sur une image à quoi correspondent les mots « proéminente », « hareng-saur », « protège-dents ». Situer l'Inde sur un planisphère. -**Lecture du chapitre 5 par des élèves volontaires puis du chapitre 6 par l'enseignant.** Demander de bien se faire le film dans sa tête, surtout le passage où PP observe ce qui se passe dans la remise. Puis, compléter l'activité 1. -**Anticiper** : que fait Mrs Moule ? Justifier. (Activité 2). -Laisser les élèves légender le petit déjeuner servi par Mrs Moule. Faire le lien avec les leçons d'Anglais, en classe.	3/ Fiche 3, tapuscrit séance 3 (dans le drive, lien en fin d'ouvrage). -Travail sur la lecture sélective et les représentations mentales, la prise de notes, le lexique, la production d'écrit court, la lecture à haute voix. Devoirs : lire le chapitre 5. 4/ Fiche 4 -Travail sur les représentations mentales, l'anticipation, faire des connexions (partie culturelle), répondre à un QCM.

Enquête au collège, P.P Cul-Vert détective privé, Jean-Philippe Arrou-Vignod

	Etapes-clés du déroulement	Matériel, objectifs ciblés
Semaine 2	-**Répondre à un QCM.** Laisser les élèves répondre seuls au QCM, à l'aide du livre si besoin. Comparer en binôme. Mise en commun. Demander aux élèves comment ils s'y sont pris pour répondre (aide de la mémoire, recours au texte, bien lire les 3 propositions avant de répondre). Essayer de voir comment l'enseignant s'y est pris pour rédiger le QCM. Remarquer qu'il s'est appuyé sur des mots du texte pour induire le lecteur en erreur. -Rédiger une leçon dans le cahier de littérature sur le QCM : *Pour répondre à un QCM, je dois :* *-bien faire le film dans ma tête pendant la lecture, pour ensuite m'appuyer sur ma mémoire* *-tout lire avant de cocher* *-chercher les pièges, pour être sûr(e) de ma réponse* *-relire seulement le passage du texte concerné, si j'ai un doute*	Devoirs : lire le chapitre 7.
Semaine 3	**5/ Chapitres 7 et 8.** -Rappel de récit depuis le début : 4 élèves volontaires passent pour raconter l'histoire, avec des camarades « souffleurs » derrière eux. Il faut bien écouter les autres pour enchaîner l'histoire mais ne pas en dire trop pour laisser la place aux suivants. -Rappel des mots de vocabulaire étudiés. -**Le lexique, avant étude** : montrer sur une image à quoi correspondent les mots « matière grise », « homoncule », « protozoaire ». Expliquer que les « thugs indiens » étaient une confrérie d'assassins professionnels. -**Lecture du chapitre 7 par l'enseignant ou par des élèves volontaires.** Demander de bien se faire le film dans sa tête, surtout le passage où PP découvre la bibliothèque spéciale. Puis, compléter l'activité 1. -**Lecture du chapitre 8 par l'enseignant.** Faire l'activité 2. -**Production d'écrit** : écrire les pensées de PP en récapitulant les 3 choses inquiétantes découvertes dans ces chapitres. Utiliser des connecteurs. Différenciation : on peut s'entraîner à faire des phrases à l'oral ou travailler en binôme. Faire l'activité 3. -**Le QCM** : rappel de ce qui a été vu à la séance précédente sur la manière de répondre et sur la manière dont l'enseignant s'y est pris pour faire douter les élèves. Faire l'activité 4. Mise en commun. On ne prononce jamais le mot « cheval » : chercher les mots **du champ lexical** qui font comprendre qu'elle fait du cheval (galop, bombe cavalière, monture invisible, canasson, équitation). **6/ Chapitres 9 et 10.** -Rappel des mots de vocabulaire étudiés. -Rappel des 3 choses inquiétantes découvertes. -**Le lexique, avant étude** : montrer sur une image à quoi correspondent les mots « collier à 8 rangs », « cricket », « décati », « récital ». -**Nourrissage culturel** : passer la capsule vidéo sur les uniformes anglais. Un visionnage pour avoir une idée, un autre pour compléter l'activité 1, un autre pour vérifier. Mise en commun.	5/ Fiche 5 -Travail sur la lecture sélective, le lexique, la production d'écrit court, la lecture à haute voix, répondre à un QCM. Devoirs : lire le chapitre 9. 6/ Fiche 6 -Vidéo sur les uniformes : https://tinyurl.com/km99avzw -Travail sur les connexions, les représentations mentales, le lexique, les inférences, la lecture à haute voix.

Enquête au collège, P.P Cul-Vert détective privé, Jean-Philippe Arrou-Vignod

	Etapes-clés du déroulement	**Matériel, objectifs ciblés**
Semaine 3	-**Lecture du chapitre 9 par des élèves volontaires puis du chapitre 10 par l'enseignant.** Demander de bien se faire le film dans sa tête, pour pouvoir répondre aux questions de l'activité 2. Laisser un temps de recherche. Différenciation : les élèves peuvent travailler en binôme. Mise en commun. Il faudra s'appuyer sur sa mémoire ou revenir en arrière dans le livre. -**Questions orales** : pourquoi le titre du ch. 9 « Mathilde dans les nuages » ? (elle vit un vrai rêve avec Mr Smith : avion, cheval, shopping). Quelles sont les nouvelles découvertes ch. 10 ? (le vol de bijoux, le livre sur le collier à 8 rangs). Que pensez-vous du lien entre l'article et Mrs Moule ? -**Activité 3** : joue les détectives et fais le lien entre l'article et les découvertes de PP sur Mrs Moule. Différenciation : les élèves peuvent travailler en binôme. Mise en commun. **PROLONGEMENT** : on pourra mettre en place un jeu de Cricket en EPS si on a le matériel. A savoir : le jeu de Baseball américain est inspiré du Cricket, tout comme le jeu de thèque, donc.	-Exemple de cycle Cricket : https://tinyurl.com/pfyv6wpy Devoirs : lire le chapitre 11.
Semaine 4	**7/ Chapitres 11 et 12.** Rappel des mots de vocabulaire étudiés. -Rappel des choses inquiétantes découvertes. -**Le lexique, avant étude** : montrer sur une image à quoi correspondent les mots « idiome », « rentrer bredouille ». -**Lecture du chapitre 11 par l'enseignant ou par des élèves volontaires.** Demander de bien écouter pour noter quels peuvent être les sentiments de PP en voyant que Rémi ne le croit pas (déception, agacement, colère, mépris). Puis, compléter l'activité 1. -**Lecture du chapitre 12 par l'enseignant.** Ecoute active pour repérer le déguisement de PP et le nouveau suspect. Faire les activités 2 et 3. Mise en commun. -**Nourrissage culturel** : PP évoque 2 grands détectives d'auteurs britanniques célèbres. Regarder le Genially et compléter la carte mentale avec l'essentiel à retenir. Les enfants connaissent-ils ces noms de détectives ou ces noms d'auteurs ? **Questions orales** : En quoi PP est-il vaniteux ? (il s'identifie à ces grands détectives). Pourquoi Rémi pense que PP l'a ridiculisé ? (il l'a fait passer pour son assistant). Pourquoi PP n'a pas peur d'aller voir la duchesse ? (sa famille est noble, il y a des liens de parentés entre les *Cupoftea* et les *de Culbert*, d'ailleurs la duchesse semble le reconnaître). -**Lecture à haute voix expressive** : l'interrogatoire de la duchesse par PP, p. 63-64. **8/ Chapitres 13 et 14.** -Rappel des mots de vocabulaire étudiés. -**Le lexique, avant étude** : montrer sur une image à quoi correspondent les mots « vitupérer », « chat-huant », « meat pie », « jelly ». -**Lecture du chapitre 13 par l'enseignant ou des élèves volontaires.** Ecoute active pour prendre des notes sur ce que l'on sait de Mr Smith. Faire les activités 1 et 2. Mise en commun. Peut-être les élèves relèveront-ils que Mr Smith dit ne jamais être allé au manoir mais connait la chouette ...	**7/ Fiche 7** -Genially à visionner : https://tinyurl.com/n62bbffk -Travail sur les sentiments des personnages, le lexique, la prise de notes, faire des connexions, les inférences. Devoirs : lire le chapitre 13. **8/ Fiche 8** -Travail sur les représentations mentales, les inférences, la lecture sélective, le lexique, la prise de notes, la rédaction du QCM.

Enquête au collège, P.P Cul-Vert détective privé, Jean-Philippe Arrou-Vignod

	Etapes-clés du déroulement	Matériel, objectifs ciblés
Semaine 4	-**Lecture du chapitre 14 par l'enseignant.** Demander de bien se faire le film dans sa tête pour pouvoir répondre aux questions d'inférence. Différenciation : les élèves peuvent travailler en binôme. Mise en commun. -**Rédiger un QCM** : rappel des techniques utilisées par l'enseignant pour faire douter le lecteur (utiliser des mots du texte, s'appuyer sur les contresens possibles). Différenciation : les élèves peuvent travailler en binôme. Mise en commun.	Devoirs : lire le chapitre 15.
Semaine 5	**9/ Chapitres 15 et 16.** Rappel de récit depuis le début : 4 élèves volontaires passent pour raconter l'histoire, avec des camarades « souffleurs » derrière eux. Il faut bien écouter les autres pour enchaîner l'histoire mais ne pas en dire trop pour laisser la place aux suivants. -Rappel des mots de vocabulaire étudiés. -**Lecture du chapitre 15 par des élèves volontaires et du chapitre 16 par l'enseignant.** Ecoute active : noter les nouvelles découvertes. Compléter les activités 1 et 2. Mise en commun. -**Lecture silencieuse et sélective du chapitre 16.** Activité 3. -**Les qualités d'un détective** : cette liste a été trouvée sur un site de formation de détectives enquêteurs. Vérifier que les termes sont ben compris. Il faut choisir 3 adjectifs et justifier avec « car ». -**Production d'écrit** : anticiper et imaginer ce que Mrs Moule et son majordome vont faire des garçons. **10/ Chapitres 17 et 18.** -**Lecture du chapitre 17 par des élèves volontaires et du chapitre 18 par l'enseignant.** Ecoute active pour se faire une représentation mentale de la scène, surtout la scène finale comique de la fin du chapitre 18 où Rémi est assommé avec un bol de soupe. Activité 1 : dessiner cette scène. -**Activité 2** : comprendre la colère de Mrs Moule. Expliquer à l'oral pourquoi elle est en colère et imaginer ses intentions. La faire s'exprimer à la première personne du singulier. -**Activité 3** : questions d'inférences. Mise en commun. -**Lecture à haute voix expressive** : le chapitre 18 avec le modèle donné par l'enseignant d'abord.	9/ Fiche 9 -Travail sur les qualités des personnages, la prise de notes, la lecture sélective, la production d'écrit, la lecture à haute voix. Devoirs : lire le chapitre 17. 10/ Fiche 10 -Travail sur les représentations mentales, les inférences, les sentiments des personnages, la lecture à haute voix. Devoirs : lire le chapitre 19
Semaine 6	**11/ Chapitres 19 et 20.** Rappel de récit depuis le début : 4 élèves volontaires passent pour raconter l'histoire, avec des camarades « souffleurs » derrière eux. Il faut bien écouter les autres pour enchaîner l'histoire mais ne pas en dire trop pour laisser la place aux suivants. -Rappel des mots de vocabulaire étudiés. -**Le lexique, avant étude** : montrer sur une image à quoi correspond le mot « larcin ». -**Lecture du chapitre 19 par des élèves volontaires.** Ecoute active : à chaque indice correspond une déduction du détective PP. Compléter l'activité 1. Mise en commun.	11/ Fiche 11 -Travail sur le lexique, la lecture sélective, les inférences, la production d'écrit et l'anticipation, la lecture à haute voix.

Enquête au collège, P.P Cul-Vert détective privé, Jean-Philippe Arrou-Vignod

	Etapes-clés du déroulement	Matériel, objectifs ciblés
Semaine 6	-**Relecture silencieuse et sélective du chapitre 19.** Activité 2. Relever les passages qui montrent que PP considère Rémi et Mathilde comme deux idiots qui ne comprennent rien. -**Lecture par l'enseignant du chapitre 20.** Inférence : repérer les passages qui font penser à un assassinat et les lire à haute voix. (Des éclats de voix, un bruit de bousculade, un cri atroce à mi-chemin entre un rire humain et le râle d'un cochon qu'on égorge). -**Production d'écrit.** Anticiper et imaginer ce qui va se passer alors que Mathilde est partie chercher de l'aide et que PP entre armé d'un revolver … 12/ Chapitres 21 et 22. -**Lecture du chapitre 21 par des élèves volontaires et du chapitre 22 par l'enseignant.** Ecoute active pour se faire une représentation mentale de la scène. Expliquer ce qu'est un quiproquo. Activité 1 : compléter le tableau. Mise en commun. -**Activité 2** : lecture sélective avec le livre sous les yeux. Relever les passages qui montrent à quel point PP a honte de s'être trompé et d'avoir imaginé toute cette histoire autour de Mrs Moule. Pourquoi a-t-il honte ? Parce qu'il en a fait quelqu'un d'horrible alors que c'est une brave écrivaine sans méchanceté. -**Lecture à haute voix expressive** : le chapitre 22 avec le modèle donné par l'enseignant d'abord.	Devoirs : lire le chapitre 21. 12/ Fiche 12 -Travail sur les représentations mentales, les inférences et la lecture sélective, les sentiments des personnages, la lecture à haute voix. Devoirs : NE PAS DEMANDER DE LIRE le chapitre 23 car il faudra anticiper dans la fiche suivante.
Semaine 7	13/ Chapitres 23 et 24. Rappel des chapitres précédents par des élèves volontaires. -Avant lecture des chapitres, réfléchir à l'activité 1 et rédiger. -**Lecture silencieuse du chapitre 23 par les élèves.** Compléter l'activité 2. Mise en commun. -**Lecture par l'enseignant du chapitre 24.** Ecoute active pour se faire une représentation mentale de la scène. Dessiner els différentes étapes. Différenciation : on peut énumérer les étapes à l'oral et les faire reformuler par des élèves, afin de conserver l'essentiel de l'histoire et de vérifier la compréhension. -**Questions orales** : est-ce que Rémi est vraiment l'idiot que croit PP ? (Non, car c'est lui qui démasque Mr Smith). Comment Mr Smith faisait-il sortir le fruit de ses vols de l'Angleterre ? (avec son avion privé). Que penses-tu de l'attitude de Rémi ? (C'est très courageux mais il a failli se faire tuer ! En plus, Mathilde n'était même pas à bord de l'avion !) PP dit « <u>Nous</u> venions de la sauver au péril de <u>notre</u> vie » : es-tu d'accord avec cela ? (Non, c'est Rémi qui a pris tous les risques). 14/ Chapitre 25 et mise en réseau. -**Lecture du chapitre 25 par des élèves volontaires.** Faire reformuler la fin de l'histoire afin de confirmer la bonne compréhension. Compléter l'activité 1. Mise en commun. -**Activité 2** : donner son avis sur le roman. -**Activité 3** : cette activité permet de revoir la rédaction d'une carte postale mais aussi de résumer l'aventure au minimum, en s'exprimant à la première personne du singulier. -**Mise en réseau** : lecture silencieuse d'autres histoires mettant en scène des enfants enquêteurs. Exprimer son avis, lequel ferait envie.	13/ Fiche 13 -Travail sur la lecture sélective, les inférences, la production d'écrit et l'anticipation, le plan de récit. Devoirs : lire le chapitre 25 14/ Fiche 14 et texte mise en réseau (drive) -Travail sur les représentations mentales, les inférences et la lecture sélective, les sentiments des personnages, la lecture à haute voix.

Enquête au collège, P.P Cul-Vert détective privé, Jean-Philippe Arrou-Vignod

	Etapes-clés du déroulement	Matériel, objectifs ciblés
Semaine 7	**15/ Production d'écrits (projet final).** -**Cette séance peut servir d'évaluation. Dans ce cas, les élèves n'ont rien à inventer, mais ils doivent créer ce petit dépliant pour résumer l'histoire et noter ce qu'ils ont compris du récit policier : les lieux, les personnages, les faits, l'enquête, la fin.** -Le seul passage à créer sera l'interrogatoire, qui permettra de réviser la ponctuation dans le dialogue. Ils peuvent interroger Mrs Moule ou Mr Smith, au choix. -**Cette séance peut servir de création de récit policier.** Dans ce cas, l'imagination et les connaissances des élèves entrent en jeu. Ce travail nécessitera sans doute plusieurs séances. Le thème commun à la classe sera le vol d'un objet. -**La relecture** pourra se faire en groupes de langages : les élèves lisent à un autre binôme qui dira si l'histoire est cohérente. -La copie se fera après correction des productions par l'enseignant : **cohérence de l'histoire puis cohérence syntaxique, puis l'orthographe.** Les élèves pourront illustrer leur récit.	15/ Cahier de brouillon -Fiche avec la porte, pour montage final (dans le drive) Lien vidéo pour réviser la ponctuation dans le dialogue : https://video.link/w/u8XEd

Fiche 1 — Enquête au collège, P.P Cul-Vert détective privé, Jean-Philippe Arrou-Vignod

Prénom : _____

Première et quatrième de couverture

1/ Observe la couverture et complète.

Le genre littéraire.
Relève les mots qui le prouvent.
_____
_____
_____
_____
_____

Les personnages
_____
_____
_____
_____
_____

Les lieux
_____
_____
_____

2/ Ecoute l'interview de l'auteur et complète ce que l'on apprend sur le caractère des trois héros.

Rémi	Pierre-Paul (P.P)	Mathilde

3/ Au choix : écris ton scénario ou toutes les questions que tu te poses sur cette histoire.

C'est l'histoire de _____
_____
_____
_____
_____

The littérature 2, exploitations littéraires de romans et d'albums, cycle 3

Fiche 2 — Enquête au collège, P.P Cul-Vert détective privé, Jean-Philippe Arrou-Vignod

Prénom : _____

Chapitres 1 et 2

1/ P.P parle avec beaucoup d'expressions imagées. Relie-les à ce qu'elles signifient. Il y a un intrus !

Je laissai libre cours à la révolte de mon estomac.	La mer agitée.
Avoir le cœur au bord des lèvres.	Être généreux.
Nos voisins d'Outre-Manche.	Je vomis.
Les éléments déchaînés.	Vomir, avoir la nausée.
Mettre entre ma sœur et moi la largeur de la Manche.	M'éloigner d'elle.
La traîtrise des flots.	Les Anglais.

2/ Les lieux. Sur cette carte, trace le trajet suivi par les personnages.

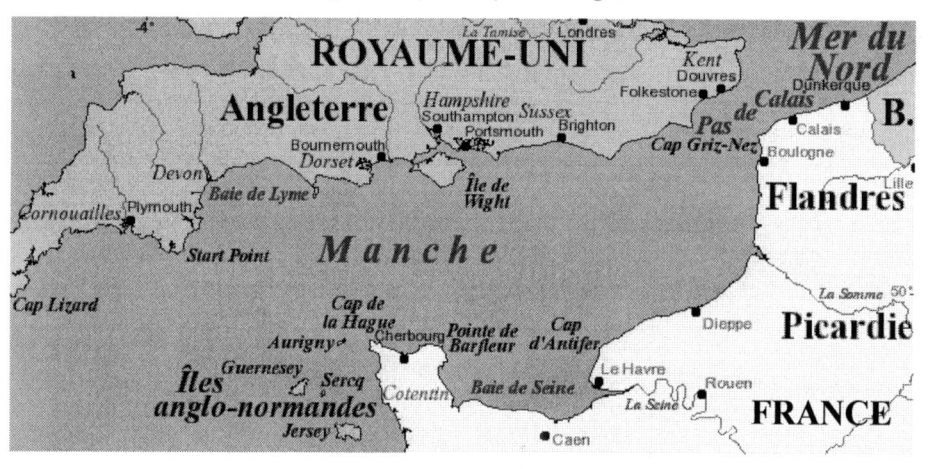

3/ Note ce que l'on sait de l'hôte de Mathilde et de l'hôtesse des garçons.

Mr Smith

Mrs Moule

4/ Lecture théâtralisée des pages 12 et 13 (Mlle Pencil M. Bird, PP, Rémi, Mathilde).

Fiche 2b — Enquête au collège, P.P Cul-Vert détective privé, Jean-Philippe Arrou-Vignod

Prénom : _____

Chapitres 1 et 2

1/ P.P parle avec beaucoup d'expressions imagées. Relie-les à ce qu'elles signifient. Il y a un intrus !

Je laissai libre cours à la révolte de mon estomac.	La mer agitée.
Avoir le cœur au bord des lèvres.	Être généreux.
Nos voisins d'Outre-Manche.	Je vomis.
Les éléments déchaînés.	Vomir, avoir la nausée.
Mettre entre ma sœur et moi la largeur de la Manche.	M'éloigner d'elle.
La traîtrise des flots.	Les Anglais.

2/ Les lieux. Sur cette carte, trace le trajet suivi par les personnages.

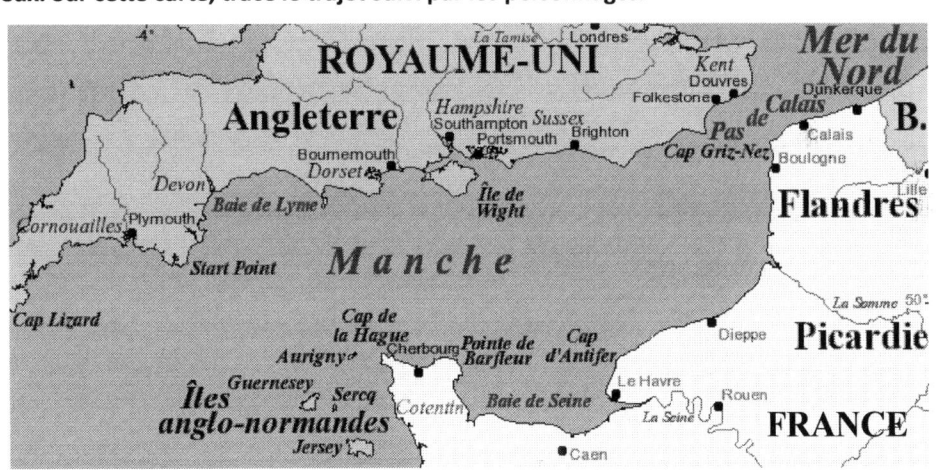

3/ « Si seulement j'avais su ce qui nous attendait, je serais remonté dans le car et rentré aussitôt en France ». Qu'est-ce qui peut bien les attendre ?

4/ Lecture théâtralisée des pages 12 et 13 (Mlle Pencil M. Bird, PP, Rémi, Mathilde).

Fiche 2c — Enquête au collège, P.P Cul-Vert détective privé, Jean-Philippe Arrou-Vignod

Prénom : _____

Chapitres 1 et 2

1/ P.P parle avec beaucoup d'expressions imagées. Relie-les à ce qu'elles signifient. Il y a un intrus !

Expressions	Significations
Je laissai libre cours à la révolte de mon estomac.	La mer agitée.
Avoir le cœur au bord des lèvres.	Être généreux.
Nos voisins d'Outre-Manche.	Je vomis.
Les éléments déchaînés.	Vomir, avoir la nausée.
Mettre entre ma sœur et moi la largeur de la Manche.	M'éloigner d'elle.
La traîtrise des flots.	Les Anglais.

2/ Les lieux. Sur cette carte, trace le trajet suivi par le *ferry*.

3/ Fais une carte mentale de tout ce qui est évoqué sur l'Angleterre (dessins et notes).

- Superficie :
- Population :
- Habitudes :
- Objets :

4/ Lecture théâtralisée des pages 12 et 13 (Mlle Pencil M. Bird, PP, Rémi, Mathilde).

The littérature 2, exploitations littéraires de romans et d'albums, cycle 3

Fiche 3 — Enquête au collège, P.P Cul-Vert détective privé, Jean-Philippe Arrou-Vignod

Prénom :

Chapitres 3 et 4.

1/ CH.3. Relève quelques passages qui montrent que Mrs Moule roule très vite.

2/ CH. 4. *India Cottage ressemblait plutôt au décor d'un train fantôme.*
Relève tous les mots du champ lexical de la peur.

3/ CH. 3. Dessine Mrs Moule et légende son portrait.

4/ CH.4. Que pourrait dire Rémi à PP, maintenant qu'ils sont seuls ensemble ? Réutilise le lexique de l'activité 2.

The littérature 2, exploitations littéraires de romans et d'albums, cycle 3

Fiche 4 — Enquête au collège, P.P Cul-Vert détective privé, Jean-Philippe Arrou-Vignod

Prénom : _____

Chapitres 5 et 6

1/ Dessine ce que voit PP dans la remise.

2/ Interprète. Selon toi, que fabrique Mrs Moule ?

_____
_____
_____
_____
_____
_____
_____

3/ Culture. Légende le petit déjeuner traditionnel anglais.

4/ Réponds à ce QCM.

a) Il ne faut pas être cardiaque le dimanche matin à l'**India Cottage** car :
☐ le thé est brûlant.
☐ Nassir suspend un masque au-dessus de votre tête pour vous réveiller.
☐ Nassir vient vous réveiller à l'improviste.

b) **Rémi dit que Mrs Moule est une esclavagiste car :**
☐ ils doivent réparer la tondeuse.
☐ elle les fait travailler au jardin.
☐ ils doivent nettoyer les nains de jardin et le bassin aux poissons rouges.

c) Mathilde, pendant ce temps :
☐ profite du jet privé de Mr Smith.
☐ pilote un avion téléguidé qui passe en rase-mottes au-dessus de la pelouse.
☐ pilote en souriant le jet privé de Mr Smith.

d) **Nassir surveille les deux garçons car**
☐ il les prend pour des voleurs.
☐ ils doivent rester là les bras croisés, comme l'a demandé Mrs Moule.
☐ il les a attrapés en train d'espionner dans la remise.

The littérature 2, exploitations littéraires de romans et d'albums, cycle 3

Fiche 5 — **Enquête au collège, P.P Cul-Vert détective privé,** Jean-Philippe Arrou-Vignod

Prénom : _____

Chapitres 7 et 8

1/ CH.7. Dessine la pièce incroyable que découvre PP.

2/ Interprète. CH.8. Selon toi, quelle peut être la « machine infernale qui s'emballe » qu'entend PP ?

_____
_____
_____
_____
_____
_____
_____

3/ Les détectives notent tout sur un carnet. Note tout ce qui est suspect chez Mrs Moule.

Mrs Moule

3/ Réponds à ce QCM.

a) Rémi demande s'il n'y a pas un livre intitulé « Le sandwich qui tue » car :
☐ il est persuadé que Mrs Moule est une criminelle et trafique ses sandwichs.
☐ les sandwichs sont tout moisis.
☐ il en a marre des sandwichs fades à chaque repas.

b) Le visiteur nocturne :
☐ n'était qu'un chat.
☐ était un homme qui marchait à pas de loup.
☐ était un homme qui transportait un mort à minuit.

c) Mathilde, pendant ce temps :
☐ joue avec un ballon accroché à une ficelle dans le jardin voisin.
☐ fait du cheval dans le jardin voisin.
☐ se fait piquer par une mouche pendant qu'elle se coiffe dans le jardin voisin.

The littérature 2, exploitations littéraires de romans et d'albums, cycle 3

Fiche 5b — Enquête au collège, P.P Cul-Vert détective privé, Jean-Philippe Arrou-Vignod

Prénom : _____

Chapitres 7 et 8

1/ CH.7. Dessine la pièce incroyable que découvre PP.

2/ Interprète. CH.8. Selon toi, quelle peut être la « machine infernale qui s'emballe » qu'entend PP ?

2/ PP trouve que certaines choses sont « louches ». Ecris ce qu'il pense en récapitulant les 3 choses inquiétantes découvertes dans les CH.7 et 8. Utilise les connecteurs « d'abord, ensuite, enfin ».

3/ Réponds à ce QCM.

a) Rémi demande s'il n'y a pas un livre intitulé « Le sandwich qui tue » car :
- ☐ il est persuadé que Mrs Moule est une criminelle et trafique ses sandwichs.
- ☐ les sandwichs sont tout moisis.
- ☐ il en a marre des sandwichs fades à chaque repas.

b) Le visiteur nocturne :
- ☐ n'était qu'un chat.
- ☐ était un homme qui marchait à pas de loup.
- ☐ était un homme qui transportait un mort à minuit.

c) Mathilde, pendant ce temps :
- ☐ joue avec un ballon accroché à une ficelle dans le jardin voisin.
- ☐ fait du cheval dans le jardin voisin.
- ☐ se fait piquer par une mouche pendant qu'elle se coiffe dans le jardin voisin.

Fiche 6 — Enquête au collège, P.P Cul-Vert détective privé, Jean-Philippe Arrou-Vignod

Prénom : _____

Chapitres 9 et 10

1/ Culture. Complète la carte mentale sur les uniformes anglais.

- Pourquoi ?
- Où ?
- Comment sont-ils ?
- Le prix
- **Les uniformes anglais**

2/ Inférences. Réponds aux questions avant d'en parler avec le reste de la classe.

a) Pourquoi Rémi dit-il a PP « Hallucinations » ? _____

b) Pourquoi Rémi a hâte d'aller en cours ? _____

c) Quand PP a-t-il entendu parler du manoir ? _____

3/ Voici l'article de journal. Annote-le en écrivant en quoi Mrs Moule est suspecte dans cette affaire.

NEWS

Linbury est-il la plaque tournante d'un important trafic de bijoux volés ? Cette fois, c'est à la célèbre collection de la duchesse de Cupoftea que s'en sont pris les cambrioleurs. Samedi soir, juste après l'heure de la fermeture du manoir au public, ces dangereux malfaiteurs se sont introduits dans la propriété, emportant le fameux collier de perles à huit rangs offert par la Reine à la duchesse de Cupoftea. Après avoir drogué la duchesse et son personnel, les cambrioleurs ont pu opérer en toute tranquillité.

The littérature 2, exploitations littéraires de romans et d'albums, cycle 3

Fiche 6b — Enquête au collège, P.P Cul-Vert détective privé, Jean-Philippe Arrou-Vignod

Prénom : _____

Chapitres 9 et 10

1/ Culture. Complète la carte mentale sur les uniformes anglais.

- Pourquoi ?
- Où ?
- Comment sont-ils ?
- Le prix
- Les uniformes anglais

2/ Inférences. Réponds aux questions avant d'en parler avec le reste de la classe.

a) Pourquoi Rémi dit-il a PP « Hallucinations » ?

b) Pourquoi Rémi a hâte d'aller en cours ?

c) Quand PP a-t-il entendu parler du manoir ?

3/ Ecris tout ce que l'on sait de Mr Smith.

Mr Smith

4/ Quelles sont les questions notées par PP dans son carnet, selon toi ?

The littérature 2, exploitations littéraires de romans et d'albums, cycle 3

Fiche 7 — Enquête au collège, P.P Cul-Vert détective privé, Jean-Philippe Arrou-Vignod

Prénom : _____

Chapitres 11 et 12

1/ CH. 11. Ecris ce que pense PP de Rémi, qui ne croit pas à ses soupçons.

2/ Dessine le déguisement de PP.

3/ PP a un nouveau suspect. Note son nom et ce qu'il soupçonne.

4/ Culture. Regarde ce Genially sur les détectives d'auteurs britanniques célèbres et note l'essentiel à retenir.

- Sherlock Holmes
  - Auteur
  - Assistant
  - Particularité

- Hercule Poirot
  - Auteur
  - Assistant
  - Particularité

5/ Prépare la lecture à haute voix de l'interrogatoire de la duchesse par PP.

The littérature 2, exploitations littéraires de romans et d'albums, cycle 3

Fiche 8 — Enquête au collège, P.P Cul-Vert détective privé, Jean-Philippe Arrou-Vignod

Prénom :

Chapitres 13 et 14

1/ Complète le carnet de PP sur Mr Smith.

Mr Smith

2/ « Il y a quelque chose de pas catholique chez ce bon Mr Smith » dit Rémi. Quoi, selon toi ?

3/ Inférences. Réponds aux questions avant d'en parler avec le reste de la classe.

a) Pourquoi Rémi foudroie-t-il Mathilde du regard ?

b) Pourquoi Mathilde papillonne des yeux devant Mr Smith ?

c) Que signifie « cuisiner » la duchesse ?

4/ Rédige un QCM en t'appuyant sur les mots de l'histoire.

a) PP pense que le *meat pie* est empoisonné à la mort-aux-rats car :

☐ _____
☐ _____
☐ _____

b) Rémi ne se sent pas très bien car :

☐ _____
☐ _____
☐ _____

5/ Prépare la lecture à haute voix de la dispute entre PP et Rémi p. 66, 67.

Fiche 9 — Enquête au collège, P.P Cul-Vert détective privé, Jean-Philippe Arrou-Vignod

Prénom : _____

Chapitres 15 et 16

1/ Complète le carnet avec les découvertes des garçons.

2/ Dessine ce que Rémi a subtilisé.

3/ Barre ce qui ne se trouve pas dans le bureau de Mrs Moule.

Des rideaux de couleur rouge, des fauteuils recouverts de plaids, un balai plein de poils, un chat, des tasses sales, des affreuses théières décorées, une collection de statuettes, des masques grimaçants, une pomme de terre bouillie, une sarbacane peinte, des flèches pointues, des seringues, une tête réduite, une vieille machine à écrire, des livres, une mallette de chimie amusante, un revolver.

4/ Voici les qualités d'un détective. Choisis en 3 et explique en quoi PP est un bon enquêteur.

- être patient
- discret
- observateur
- réactif
- persévérant
- loyal
- audacieux
- inventif
- cultivé

5/ Anticipe. Que va-t-il se passer maintenant que les garçons ont été surpris par Mrs Moule et Nassir ?

The littérature 2, exploitations littéraires de romans et d'albums, cycle 3

Fiche 10 — Enquête au collège, P.P Cul-Vert détective privé, Jean-Philippe Arrou-Vignod

Prénom : _____

Chapitres 17 et 18

1/ Dessine la scène finale du chapitre 18.

2/ Ecris les pensées de Mrs Moule : que ressent-elle ? Que va-t-elle faire des garçons ?

3/ Inférences. Réponds aux questions avant d'en parler avec le reste de la classe.

a) Pourquoi PP pense-t-il que Nassir creuse une tombe ? _____

b) Pourquoi PP ne touche-t-il pas aux sandwichs et à la soupe ? _____

c) Pourquoi PP s'arme-t-il de son polochon en voyant la main sur le bord de la fenêtre ?
_____

d) Pourquoi PP est-il aussi heureux de voir Mathilde ? _____

Fiche 11 — Enquête au collège, P.P Cul-Vert détective privé, Jean-Philippe Arrou-Vignod

Prénom : _____

Chapitres 19 et 20

1/ CH.19. Chaque fait a une explication qui accuse Mrs Moule, selon PP. Complète le tableau.

Indices	Déduction
Mrs Moule conserve tous les articles de journaux relatifs aux vols de bijoux et elle les annote.	
Ethel Merryspoon était la seule personne présente auprès de la duchesse le jour du vol du collier.	
PP a trouvé le portrait d'Ethel Merryspoon sur le bureau de Mrs Moule.	
	Mrs Moule a eu tout le temps de commettre le vol ce jour-là.
	Mrs Moule y explique comment elle a empoisonné son mari avec du poison versé dans son chocolat.

2/ PP considère Rémi et Mathilde comme intellectuellement inférieurs. Recopie les passages qui le montrent.

3/ Anticipe. Ecris ce qui va arriver, selon toi.

Fiche 12 — Enquête au collège, P.P Cul-Vert détective privé, Jean-Philippe Arrou-Vignod

Prénom : _____

Chapitres 21 et 22

1/ Un quiproquo. C'est une situation où on prend un personnage ou une situation pour une autre. C'est un malentendu, une erreur d'interprétation. Complète le tableau.

Ce que PP a vu ou entendu	Ce qu'il interprète	Ce que c'est en réalité
Un visiteur nocturne.	C'est un complice de Mrs Moule.	
Des cris, une bousculade.	Le complice se fait assassiner.	
Ethel Merryspoon et Mrs Moule ne sont qu'une seule et même personne.	Mrs Moule est un imposteur qui veut cacher son identité car c'est une voleuse.	
Les ouvrages trouvés dans la bibliothèque parlent de poisons et des vols de bijoux.	Mrs Moule a empoisonné son mari et volé les bijoux.	
Le colonel Moule est mort dans de mystérieuses circonstances.	Mrs Moule a empoisonné son mari, c'est pour ça qu'on n'a pas trouvé la cause de sa mort.	
Le mot d'aveu trouvé sur le bureau qui raconte comment un homme a été empoisonné.	Mrs Moule y explique comment elle a assassiné son mari.	

2/ Relève les passages qui montrent à quel point PP se sent honteux. Sur quoi rejette-t-il la faute ?

_____
_____
_____

The littérature 2, exploitations littéraires de romans et d'albums, cycle 3

Fiche 13 — Enquête au collège, P.P Cul-Vert détective privé, Jean-Philippe Arrou-Vignod

Prénom : _____

Chapitres 23 et 24

1/ Anticipe. Si ce n'est pas Mrs Moule la voleuse, qui est-ce, selon toi ? Pourquoi ?

2/ CH.23. Note dans le carnet l'indice donné par Rémi qui désigne le coupable du vol et celui donné par l'Inspecteur Moule.

3/ CH.24. Plan de récit. Dessine les étapes du récit de l'évasion de Mr Smith.

The littérature 2, exploitations littéraires de romans et d'albums, cycle 3

Fiche 14 — Enquête au collège, P.P Cul-Vert détective privé, Jean-Philippe Arrou-Vignod

Prénom : _____

Chapitres 25

1/ « Tout est bien qui finit bien ». Explique brièvement en quoi c'est exact.

- Mr Smith et le collier de la duchesse
- Mrs Moule et son fils
- Mlle Pencil et Mr Bird

2/ Ton avis. As-tu aimé ce livre ? Qu'est-ce qui t'a plu ? Quel a été ton personnage préféré et pourquoi ?

3/ PP écrit une carte postale à sa sœur Rose-Lise pour raconter succinctement son aventure.

POST CARD

Rose-Lise de Culbert

75 000 Paris

AIR MAIL
PAR AVION

Fiche : Enquête au collège, P.P Cul-Vert détective privé, Jean-Philippe Arrou-Vignod

Prénom : _____

Mise en réseau : des enfants enquêteurs

1/ BD : Enola Holmes, Serena Blasco.

Quand Enola Holmes, soeur cadette du célèbre détective Sherlock Holmes, découvre que sa mère a disparu le jour de son anniversaire, elle se met rapidement à sa recherche.
Elle va devoir recourir à son sens de la débrouille afin de fuir le manoir familial car ses deux frères se sont mis en tête de l'envoyer en pension, pour faire d'elle une vraie "Lady". Son chemin la conduit rapidement dans les quartiers sombres et malfamés de Londres, et elle se retrouve impliquée dans le kidnapping d'un jeune marquis ...

2/ Un tueur à ma porte, Irena Drozd

Daniel s'est brûlé les yeux lors d'un séjour aux sports d'hiver. Quelques jours après son retour, il est réveillé en pleine nuit par un cri et des râles venant de la rue. Y aurait-il un blessé ? Daniel se précipite à la fenêtre mais il ne voit rien. L'assassin, lui, l'a très bien vu. Et il n'a pas l'intention de laisser un témoin aussi gênant lui échapper...

3/ La villa d'en face, Boileau-Narcejac

« Que faire quand on a une bronchite ? » se demande Philippe dans sa chambre. Observer la villa d'en face avec les jumelles de papa, c'est amusant. Mais ce jeu peut devenir dangereux si les voisins cachent un gangster. Philippe et sa soeur Claudette veulent en savoir un peu trop sur le mystère de la maison d'en face. Et le gangster n'aime pas du tout les curieux.

The littérature 2, exploitations littéraires de romans et d'albums, cycle 3

Dessine un passage de ton histoire

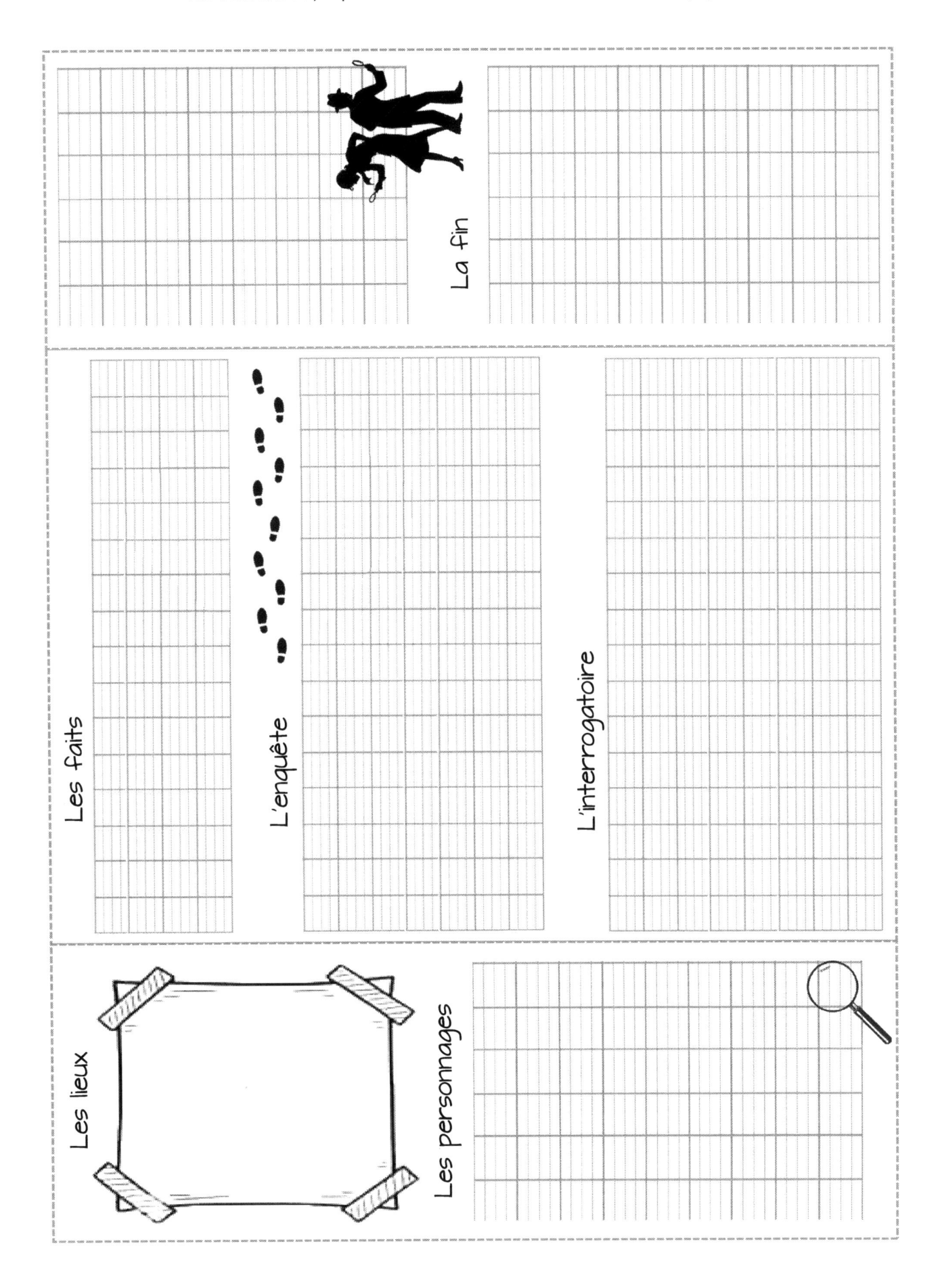

The littérature 2, exploitations littéraires de romans et d'albums, cycle 3

La fin

Les faits

L'enquête

L'interrogatoire

Les lieux

Les personnages

TOMEK, LA RIVIÈRE À L'ENVERS, JEAN CLAUDE MOURLEVAT

Jean-Claude Mourlevat est un auteur classique de la littérature de jeunesse. Il est notamment connu pour *L'Homme à l'oreille coupée*, *L'Enfant océan* et *Jefferson*. Avec *Tomek* et *Hannah*, Mourlevat signe une série d'aventures dans des lieux enchanteurs. Les héros ont à peu près l'âge des élèves, facilitant l'identification. Les chapitres sont rythmés, les personnages attachants et les descriptions suscitent l'imaginaire. C'est également un récit initiatique où le héros, confronté à de multiples péripéties, va évoluer au fil de l'histoire. Le lecteur suit la quête de Tomek avec intérêt, tenu en haleine par le suspense et les émotions multiples. Le récit est au passé simple, ce qui peut vous donner l'opportunité de travailler sur ce temps en *conjugaison*. Certains épisodes sont propices à des débats philosophiques sur la vie, grâce aux citations de l'auteur. Il sera aisé de tisser des liens avec l'EMC pour parler de soi (partager et réguler des émotions, des sentiments). Enfin, on trouve dans ce roman des références à d'autres récits de littérature de jeunesse. L'auteur a su créer un univers original, peuplé de nombreux lieux, êtres et objets imaginaires, et les élèves ne manqueront pas de s'attacher au héros et d'intégrer ce monde féérique et parfois inquiétant ...

Focus sur :
- Vivre des aventures
- Se découvrir et s'affirmer par rapport aux autres
- Héros et héroïnes

Dans cette séquence, le travail porte sur les personnages, la structure du récit, les connexions avec d'autres œuvres, le rappel de récit & les idées essentielles, l'anticipation, le lexique et la production d'écrits courts. On pourra comparer avec la version en BD, à vidéoprojeter. La séquence est prévue pour 7 semaines, à raison de 2 ou 3 séances par semaine. Mais vous pouvez envisager d'aller plus vite, car les élèves seront sûrement impatients de connaître la suite de chaque épisode.

Le parti pris a été de faire lire à haute voix chaque chapitre par l'enseignant, afin de ne pas empêcher les élèves ayant des difficultés de décodage d'accéder à la compréhension . Mais vous pouvez tout à fait alterner les modalités ou demander de lire chaque chapitre à la maison la veille. A vous d'adapter à votre public.

The littérature 2, exploitations littéraires de romans et d'albums, cycle 3

TOMEK, LA RIVIÈRE À L'ENVERS, JEAN CLAUDE MOURLEVAT

Organisation sur 7 semaines, pour 2 séances par semaine.

<mark>Les chapitres sont lus par l'enseignant</mark>, afin de ne pas empêcher les élèves en difficulté de décodage d'accéder à la compréhension. Voici les étapes essentielles du déroulement, sachant que les fiches de travail sont explicites.

	Etapes-clés du déroulement	Matériel, objectifs
Semaine 1	**1/ Première, quatrième de couverture et prologue.** -**Rappel :** quel est le rôle de la 4ème de couverture ? (énoncer le sujet du roman pour donner envie de lire). -**Laisser les élèves travailler en binôme sur la fiche 1,** afin de prélever des informations sur les personnages, les lieux, l'époque, l'intrigue et la quête du héros. Si l'enseignant n'a qu'un seul roman, vidéoprojeter ou donner des photocopies de la 1e & 4e de couverture et du prologue. -**Mise en commun** au tableau, pour compléter/corriger les notes prises. -**Prise de notes** à partir de l'interview de l'auteur qui parle de son propre livre. Passer la vidéo une première fois et demander aux élèves ce qu'ils ont retenu (c'est le roman préféré de l'auteur, il n'est pas triste, il relève du conte, il l'a écrit dans un train sur un carnet à spirale ...). Passer la vidéo une 2e fois et demander ce que l'on pourrait ajouter dans nos prises de notes sur les personnages, les lieux, l'époque, l'intrigue et la quête du héros (ex : il va tomber amoureux de la jeune fille). -**Mise en commun** au tableau, pour compléter/corriger les notes prises. -**Langage oral :** demander aux élèves comment ils imaginent la forêt de l'oubli, l'île inexistante, une rivière qui coule à l'envers (revoir le schéma du torrent à l'océan). Leur proposer de dessiner ce qu'ils imaginent. -**Prolongements possibles :** passer la bande-annonce de la pièce de théâtre pour entretenir les attentes de lecture. Echange oral pour évoquer les informations supplémentaires. **Sciences :** revoir le cycle de l'eau. **2/ Chapitre 1.** -Rappel de ce que l'on sait déjà de l'histoire (séance précédente). -L'enseignant annonce qu'il va faire la lecture et que les élèves vont devoir écouter et se faire « le film dans leur tête ». Puis, ils vont devoir **prendre des notes sur ce que l'on apprend du héros, Tomek.** Chaque binôme d'élève se positionne sur un ou deux items (selon leurs possibilités), *le caractère* étant le plus complexe : sa famille, son caractère, son portrait physique, ce qu'il veut, ce qu'il aime, ce qu'il fait. **L'enseignant prévoit de lire 2 fois le chapitre : la première lecture pour que les élèves aient une bonne représentation mentale de l'histoire, la seconde pour prendre des notes et avoir une écoute plus sélective.** -Première lecture, avec pauses et questions orales de compréhension. -**L'épicerie.** Il faudra se la représenter telle qu'elle est décrite et retenir les détails. L'enseignant lit à haute voix les pages 9 et 10 jusqu'à « rien de particulier ». Il demande quels détails sont donnés et les note au tableau (la dernière du village, boutique simple, « épicerie » peint en lettres bleues, panneau « ouvert », toutes sortes de choses à l'intérieur car Tomek vend de tout, Tomek vit dans l'arrière boutique, les petits mots laissés par les clients). -**Le secret.** L'enseignant lit à haute voix les pages 10 et 12 jusqu'à « être raisonnable ». Echange oral pour évoquer ce secret. Qu'est-ce qui montre qu'il a vraiment envie de voyager ? (il a les larmes aux yeux) Qu'est-ce qui l'empêche de partir ? (il culpabilise, il pense que les gens ne pourront pas se débrouiller sans lui). -**La jeune fille.** L'enseignant lit à haute voix jusqu'à la fin. Que sait-on d'elle ? Remplir collectivement la **fiche 3** (portrait physique : jeune, brune, yeux noirs et tristes, robe en mauvais état, gourde en cuir à sa ceinture / ce qu'elle aime : les sucres d'orge / ce qu'elle veut : de l'eau qui empêche de mourir / ce qu'elle fait : elle part à la recherche de cette eau). La fiche 3 sera enrichie au fur et à mesure des lectures.	**1/** Roman -Fiche 1. -Film interview J.C Mourlevat : https://tinyurl.com/2c8ckudp Travail sur les informations essentielles (personnages, lieu, intrigue) afin de créer des attentes de lecture, prise de notes, langage oral. -Bande-annonce pièce de théâtre : https://tinyurl.com/muyssut7 -Drive: schéma cycle de l'eau et sens d'une rivière. **2/** Roman -Fiches 2 et 3 -Corrigé dans le drive Lecture guidée sur les informations essentielles, les personnages (pensées, description), la production d'écrits courts, le lexique, le langage oral, les inférences.

TOMEK, LA RIVIÈRE À L'ENVERS, JEAN CLAUDE MOURLEVAT

	Etapes-clés du déroulement	Matériel, objectifs
Semaine 2	Comment sait-on qu'elle part à la recherche de cette eau, car ce n'est pas dit explicitement dans le texte ? (C'est la phrase « Je la trouverai et je la mettrai là ». C'est une inférence). -**Bascule du récit dans l'imaginaire** : à quel moment passe-t-on de la réalité à l'imaginaire ? (au moment où Hannah demande de l'eau qui empêche de mourir. Tout le reste pourrait être réel). -Seconde lecture avec prise de notes ciblées. Tomek : sa famille, son caractère, son portrait physique, ce qu'il veut, ce qu'il aime, ce qu'il fait. Compléter **la fiche 2**. Le travail collectif sur la fiche 3 avec le personnage d'Hannah sert d'exemple pour ce qui est attendu avec Tomek. -**Mise en commun**, afin de compléter ou de corriger sa prise de notes. L'intérêt de la mise en commun est l'échange oral pour justifier ses choix. La correction dans le drive n'est qu'une proposition, mais si les élèves trouvent d'autres choses et que c'est justifié, accepter leurs propositions (ex : le fait que Tomek soit vendeur dans une épicerie peut être mis dans « ce qu'il fait » ou dans « situation familiale » car Tomek est épicier comme son père et son grand-père). La fiche 2 sera enrichie au fur et à mesure des lectures. -**Prolongement possible** : jouer la scène de l'épicerie, à la manière de la pièce de théâtre. Les élèves peuvent apprendre les dialogues par cœur. 3/ Chapitre 2. -Rappel de la séance précédente : ce que l'on sait des personnages. -Première lecture. -**Activité 1** : l'enseignant annonce qu'il va faire la lecture et que les élèves vont devoir écouter et se faire « le film dans leur tête ». Ils vont devoir **prendre des notes sur ce que l'on apprend d'un nouveau personnage, grand-père Icham :** son lien familial avec Tomek, son rôle dans l'histoire du héros, ce qu'il aime, ce qu'il fait. L'enseignant interrompt sa lecture de temps en temps, aux moments-clés, afin de permettre aux élèves de prendre des notes. -**Mise en commun**, afin de compléter ou de corriger sa prise de notes. Bien expliquer ce qu'est un écrivain public, vérifier que les élèves ont compris qu'il n'y a pas de relations familiales entre Tomek et le grand-père. Tomek a-t-il besoin des services du grand-père ? Non, il sait écrire, puisqu'il lui écrit une lettre. Leur relation est amicale. La liste des confiseries n'a pas à être exhaustive, la prise de notes doit en présenter au moins quatre. -Deuxième lecture. -Le rôle d'Icham est de donner beaucoup de détails sur la rivière Qjar. -Donner la définition d'**affluent** (et si nécessaire, de torrent, ruisseau, fleuve). -**Activité 2** : il va falloir écouter attentivement le passage et dessiner son trajet, sa forme, en suivant sa description. Lorsque le dessin sera terminé, il faudra le légender. Le dessin peut s'effectuer au fur et à mesure de la lecture, avec les crayons de couleurs. L'enseignant opérera quelques pauses dans sa lecture, si nécessaire. -**Variante** : les photocopies peuvent être données avec l'objectif de souligner les passages descriptifs de la rivière, avant de dessiner. L'activité est plus longue, mais reposera sur une lecture silencieuse individuelle. -**Mise en commun**, afin de compléter ou de corriger son dessin. L'enseignant liste au tableau ce qui doit apparaître nécessairement dans le dessin, ce qui permet aux élèves de corriger également leurs erreurs d'orthographe. Quels sont les 2 particularités de cette rivière ? 1) Personne n'a réussi à la trouver ou à en revenir vivant. 2) Elle empêche de mourir. -**Débat oral** : irais-tu chercher cette eau, si tu le pouvais ? Qu'en ferais-tu ?	-Extrait de la pièce de théâtre : https://tinyurl.com/2ewdbeyd Devoirs (facultatif) : apprendre les répliques de Tomek ou de la fille. Donner les photocopies. 3/ Roman -Fiche 4 -Corrigé dans le drive Prise de notes sur les personnages, étude d'un lieu, le lexique, le langage oral, les inférences.

TOMEK, LA RIVIÈRE À L'ENVERS, JEAN CLAUDE MOURLEVAT

	Etapes-clés du déroulement	Matériel, objectifs
Semaine 2	**4/ Chapitre 3.** -Rappel de la séance précédente : ce que l'on sait sur le grand-père et la rivière. -Montrer une image de ce qu'est un couteau à ours. -Première lecture. -**Activité 1** : l'enseignant annonce qu'il va faire la lecture et que les élèves vont devoir **prendre des notes sur les affaires que va emporter Tomek**. L'enseignant interrompt sa lecture de temps en temps, aux moments-clés, afin de permettre aux élèves de prendre des notes. -**Variante** : les photocopies du passage peuvent être données avec l'objectif de souligner les objets emportés avant de dessiner. L'activité est plus longue, mais reposera sur une lecture silencieuse individuelle et permettra de garder trace des mots soulignés, plutôt que de les stocker dans la mémoire. -**Mise en commun**, afin de compléter ou de corriger son dessin légendé. -Deuxième lecture. -**Activité fiche 5 bis** : utiliser sa mémoire pour remettre les passages dans l'ordre. -L'enseignant fait alors une deuxième lecture, pour que les élèves se représentent la chronologie du récit. -**Mise en commun**, afin de corriger son travail. -Production d'écrits : la lettre. -**Activité 2** : étude de la lettre de Tomek : **la présentation**. Rappel de la silhouette de la lettre : formule introductive, corps de la lettre, formule de politesse, signature. Utiliser des couleurs pour isoler les blocs sur la fiche (activité 3). -**Etude de la lettre de Tomek : le contenu**. Isoler chaque paragraphe et donner un titre. Cela servira de point d'appui pour rédiger la réponse. -**Activité 3** : rédiger la réponse possible d'Icham en répondant à chaque partie de la lettre de Tomek, en suivant la silhouette d'une lettre. Les élèves peuvent d'abord s'entraîner à l'oral (planification). Une grille de relecture est disponible dans le drive : corrigé fiche 5bis. -Les lettres seront lues à la classe pour être corrigées au niveau de la syntaxe (révision). L'enseignant vérifiera que la silhouette a été respectée et corrigera/soulignera les erreurs orthographiques. -**Prolongement** : visionner une vidéo sur Robinson Crusoë, pour la culture (passer l'intro qui contient de la publicité, et commencer à 2'44). **5/ Chapitre 4.** -Rappel de la séance précédente. -Expliquer les mots « allégresse, accoutrée, rapiécé, croquenots, borgne » -Première lecture. -**Activités 1, 2 et 3** : l'enseignant annonce qu'il va faire la lecture et que les élèves vont devoir se faire le film de l'histoire dans leur tête et **répondre aux questions**. Laisser les élèves lire les questions pour avoir une écoute sélective. L'enseignant interrompt sa lecture de temps en temps, aux moments-clés. Laisser du temps aux élèves pour pouvoir répondre et leur permettre les échanges en binôme. -**Mise en commun**, afin de compléter ou de corriger le dessin de Marie et la réponse aux questions. Grâce à ces questions, les élèves reformulent le récit dans sa chronologie et mémorisent les faits importants. -**Activité 5** : relire le passage qui montre que Tomek a bien oublié Marie, le temps de sa présence dans la forêt de l'oubli. L'auteur ne nous indique pas ce que Tomek a oublié, il appartient au lecteur de faire le lien. Une fois l'activité accomplie, échanger collectivement pour vérifier la compréhension de ce qui s'est passé : -« personne n'est venu depuis » /le feu qu'a fait Marie,	4/ Roman -Fiche 5 et 5bis -Corrigé dans le drive Prise de notes sur les objets, travail sur la chronologie du récit, production d'écrits. Lien vidéo sur Robinson : https://tinyurl.com/4a7565k4 5/ Roman -Fiche 6 -Corrigé dans le drive Travail sur les inférences, les personnages, le lexique des 5 sens, l'anticipation.

TOMEK, LA RIVIÈRE À L'ENVERS, JEAN CLAUDE MOURLEVAT

	Étapes-clés du déroulement	Matériel, objectifs
Semaine 3	-la forêt « pas si grande que cela » / qu'il faut mettre 2 ans à contourner, -« en cas de mauvaise rencontre » / Marie a dit qu'il y avait des ours, -« il constata avec surprise qu'il n'avait pas faim / Marie lui a donné à manger. -**Deuxième lecture.** -**Activité fiche 4** : relire le chapitre et demander de relever tout ce qui concerne les 5 sens. La liste n'a pas à être exhaustive. Différenciation : chaque élève peut prendre en charge 1 seul sens pour ses notes. Pourquoi l'auteur a-t-il eu envie d'ajouter ces détails dans ses descriptions ? Cela permet d'avoir l'impression de vivre l'aventure et d'y être, avec Tomek. -**Mise en commun**, afin de vérifier son travail. -**Questions orales** : à quel conte font référence le beurre et la confiture ? (Le Petit Chaperon Rouge). La forêt de l'oubli est hostile et effrayante. En connaissez-vous d'autres ? (celle du Petit Poucet, Hansel et Gretel, …) **6/ Chapitre 5.** -Rappel du récit précédent. -Une seule lecture. -**Activité 1** : l'enseignant annonce qu'il va faire la lecture et que les élèves vont devoir se faire le film de l'histoire dans leur tête. Puis, ils vont dessiner le plan de récit de l'histoire de Marie. Avant de dessiner, refaire un point à l'oral des étapes, puis laisser les élèves dessiner, sans que cela ne prenne trop de temps. -**Mise en commun**, afin de compléter ou de corriger le dessin. On peut lister au tableau les étapes essentielles pour corriger, ajouter, modifier. -**Langage oral** : les élèves se mettent en binôme et reformulent le récit de Marie, dans sa chronologie, en s'appuyant sur le dessin (rappel de récit). -**Activité 2** : relire les passages du chapitre sélectionnés et répondre aux questions, seul, pour y réfléchir. -**Mise en commun**, afin de justifier ses réponses. -**Questions orales** : le récit de Marie est triste. Qu'est-ce qui atténue la sensation de tristesse ? (les fous-rires de Marie et Tomek, les histoires d'ânes péteurs). **7/ Chapitre 6.** -**Rappel du récit depuis le début.** 5 élèves viennent raconter au tableau, accompagnés de 5 souffleurs pour les aider individuellement. Il ne faut pas trop parler au début pour en laisser un peu aux autres mais ne pas être trop concis, pour que les autres aient aussi des choses à raconter. -Une seule lecture. -**Activité 1** : les élèves vont devoir prendre des notes sur tout ce que l'on apprend des ours de la forêt de l'oubli. Attention, arrêter la lecture à la page 66, afin de pouvoir réaliser **l'activité 2**. -**Mise en commun, activités 1 et 2.** Terminer la lecture du chapitre. -**Question orale** : comment l'auteur maintient-il le suspense et l'angoisse chez le lecteur ? (description de l'attitude effrayante de l'ours, description des sensations de Tomek, champ lexical de la peur, phrases courtes). -**Activité 3 : Production d'écrits** : Les récits seront lus à la classe par des élèves volontaires, pour être corrigés au niveau de la syntaxe (révision). L'enseignant corrigera/soulignera les erreurs orthographiques. -**Champ lexical de la peur (8 bis).** Relever tous les mots qui suggèrent la peur et l'angoisse. Cela peut être fait sous forme de prise de notes (en binôme : un dicte, l'autre écrit) ou de passages surlignés sur les photocopies, puis recopiés. Les classer selon les 5 sens, étudiés depuis le début. -**Prolongement possible** : cet ours est particulièrement cruel et monstrueux. On peut regarder un extrait du film « L'Ours » de J.J Annaud.	6/ Roman -Fiche 7 -Corrigé dans le drive Travail sur la chronologie du récit sous forme de dessin (plan de récit), inférences, langage oral, le comique. 7/ Roman -Fiche 8 ou 8 bis, au choix -Corrigé dans le drive Travail sur le rappel de récit, la prise de notes, l'anticipation et les inférences, la production d'écrits, le lexique. ▲ Rappeler que le toucher, ce n'est pas qu'avec les mains, mais c'est aussi la peau. Lien de la vidéo du film L'ours : https://tinyurl.com/8zrd9p9f

TOMEK, LA RIVIÈRE À L'ENVERS, JEAN CLAUDE MOURLEVAT

	Etapes-clés du déroulement	Matériel, objectifs
Semaine 3	**8/ Chapitres 7 et 8.** -Rappel du récit précédent. -Chapitre 7. -**Activité 1** : l'enseignant annonce qu'il va faire la lecture et que les élèves vont devoir se faire le film de l'histoire dans leur tête. L'enseignant arrête la lecture p.72 et distribue la photocopie. Les élèves doivent surligner les éléments pour dessiner la prairie. -**Mise en commun**, afin de compléter ou de corriger le dessin. On peut lister au tableau les éléments essentiels pour corriger, ajouter, modifier. -Reprendre la lecture du chapitre. -**Activité 3** : relever tout ce qui montre que Tomek a des hallucinations. La liste n'est pas forcément exhaustive. -**Mise en commun** : lister au tableau pour corriger ou compléter. -**Questions orales** : « la personne qui lui avait donné ce repas se trouvait dans la forêt de l'oubli ». Qui est-ce ? (Marie). Quelle supériorité a le lecteur sur Tomek ? (il sait tout cela, alors que Tomek oublie). Quel est l'effet des fleurs bleues/violettes ? (elle endorment). -**Activité 2** : laisser les élèves lire le passage du champ de fleur, extrait du Magicien d'Oz. Chercher les points communs (il faut aussi traverser une prairie avec des fleurs qui endorment). -Chapitre 8. -**Questions orales** : Comment Tomek s'est-il trouvé secouru ? (grâce à Eztergom et Atchigom qui ont trouvé les mots qui réveillent). Quel est le rôle de ces villageois ? (récupérer les voyageurs endormis et lire des livres jusqu'à trouver les mots qui réveillent). Quels sont les mots qui ont réveillé Tomek? (*sous le ventre du crocodile*). Et Hannah ? (*il était une fois*). Combien de temps Tomek a-t-il dormi ? (3 mois et 10 jours. Cela fait un gros décalage avec Hannah qui est restée plus d'une semaine au village). Qu'apprend-on sur Hannah ? (elle aime lire. **Compléter sa fiche personnage**). -**Activité 4** : **inférence**. Comment Hannah a-t-elle pu savoir que Tomek était sur ses traces? -**Activité 5 : production d'écrits**. Imaginer la lettre laissée par Hannah à Tomek. Rappeler au tableau la silhouette de la lettre. Les lettres seront lues à la classe par des élèves volontaires, pour être corrigées au niveau de la syntaxe (révision). L'enseignant corrigera/soulignera les erreurs orthographiques. -**Prolongement possible** : on peut montrer un extrait du dessin animé du Magicien d'Oz avec le passage sur les fleurs qui endorment. **9/ Chapitre 9.** -Rappel du chapitre précédent. -Première lecture. L'enseignant annonce qu'il va faire la lecture et que les élèves vont devoir se faire le film dans leur tête. Il s'agit de l'histoire d'Hannah. Le but sera de compléter sa fiche personnage. -Laisser les élèves noter ce qu'ils ont retenu de l'histoire d'Anna avant d'en parler tous ensemble. Mise en commun, pour vérifier la compréhension. -Compléter collectivement **la fiche d'Hannah (fiche 2)**. -**Activité 2** : remettre l'histoire d'Hannah dans l'ordre, en s'appuyant sur sa mémoire. -Seconde lecture, pour corriger, vérifier son travail. -Mise en commun. -**Activité 1** : travail sur les relations de causes & conséquences. -**Prolongement possible** : Hannah parle d'aventures qu'elle a vécues avant d'arriver à l'épicerie. Regarder la bande-annonce de la pièce de théâtre.	6/ Roman -Fiche 9 -Corrigé dans le drive -Photocopies de la page 72 qui décrit la prairie de fleurs. Travail sur les lieux, les inférences, langage oral, la production d'écrits, le nourrissage culturel (intertextualité). Lien de la vidéo du Magicien d'Oz : https://tinyurl.com/4fzzzhwk 9/ Roman -Fiche 10 et fiche 2 -Corrigé dans le drive Travail sur les personnages, la chronologie du récit. Lien de la bande-annonce Hannah : https://tinyurl.com/44a4tnj6

TOMEK, LA RIVIÈRE À L'ENVERS, JEAN CLAUDE MOURLEVAT

	Etapes-clés du déroulement	Matériel, objectifs

Semaine 4	**10/ Chapitre 10.**
	-Rappel du récit précédent.
	-Expliquer ce qu'est « un nez » en parfumerie.
	-Première lecture.
	-**Activité 2** : l'enseignant annonce qu'il va faire la lecture et que les élèves vont devoir se faire le film de l'histoire dans leur tête. Ils doivent prendre des notes sur le lexique des 5 sens. Chaque élève peut choisir un sens, afin de se focaliser uniquement sur celui-ci, sachant que c'est le sens de l'ouïe qui est le plus dense.
	-Mise en commun, afin de compléter et de corriger ses notes.
	-**Activité 1** : en s'appuyant sur sa mémoire, remplir la fiche-personnage concernant Pepigom.
	-Seconde lecture, afin de vérifier que rien n'a été oublié.
	-**Activité 3** : production d'écrits. Les élèves vont devoir inventer le nom à rallonge d'un parfum qui leur rappelle un bon souvenir. Ils doivent :
	   -décrire ce qu'ils visualisent en le sentant et
	   -ajouter quelques senteurs de leur choix.
	-**Débat oral** : Eztergom dit de Tomek qu'il a connu « une seconde naissance ». Qu'en penses-tu ? Pepigom dit « la vie est trop courte pour qu'on la gaspille à de mauvaises choses ». Qu'en penses-tu ?
	-**Prolongement possible** : en arts plastiques, les élèves peuvent travailler sur le *packaging* de leur flacon de parfum.
	
	Cabane dans les arbres au printemps. *Voyage en Tanzanie au crépuscule.*
		10/ Roman
		-Fiche 11
		-Corrigé dans le drive
		
		Travail sur les personnages, le lexique, le langage oral, la production d'écrits courts.
		
		Vous pouvez constituer un réservoir thématique de mots au tableau : fleurs/fruits des champs, des bois, de votre région, des îles, de la jungle, etc … en fonction du titre choisi.
		
		Lien de la vidéo sur le métier de nez :
		https://tinyurl.com/5n9a3wm5

	11/ Chapitre 11. -**Rappel de toute l'histoire depuis le début.** 5 élèves viennent raconter au tableau, accompagnés de 5 souffleurs pour les aider, avec leur livre (titres des chapitres). Il ne faut pas trop parler au début pour en laisser un peu aux autres mais ne pas être trop concis, pour que les autres aient aussi des choses à raconter. -**Sur une feuille, commencer à dessiner le trajet de Tomek et les différents endroits traversés** : la forêt de l'oubli, les ours, la prairie de fleurs, le village des parfumeurs. Le dessin sera complété au fur et à mesure des chapitres suivants, afin de dessiner la carte du voyage de Tomek. -Première lecture. -Les élèves doivent relever **les obstacles ou les aides** apportées à Tomek, en écoutant la lecture. **Activité 1.** -Mise en commun.	11/ Roman -Fiche 12 -Corrigé dans le drive -Feuilles A4 blanches Travail sur le rappel de récit, la chronologie du récit, les lieux, les informations essentielles, la production d'écrits.

TOMEK, LA RIVIÈRE À L'ENVERS, JEAN CLAUDE MOURLEVAT

	Etapes-clés du déroulement	Matériel, objectifs
Semaine 5	-Seconde lecture. Prendre des notes sur ce qui va être embarqué à bord du navire. **Activité 2.** -**Mise en commun**, afin de compléter et de corriger ses notes. -**Activité 3 : production d'écrits.** Imaginer ce que contient le flacon de parfum de Pépigom. Rappeler le contexte : Pépigom est amoureuse de Tomek. Il dit qu'il est fiancé. Est-ce vrai ? -**Activité 4 : débat oral puis production d'écrits.** Rappel du contexte (l'accueil chaleureux, le dévouement du village, le climat de fête, l'hospitalité … -**Prolongement possible** : la disparition des bateaux n'est pas sans rappeler les disparitions du Triangle des Bermudes. Faire écouter un podcast à ce sujet, pour la culture. 12/ Chapitre 12. -Rappel de l'épisode précédent. -Première lecture. -**Activité 2** : l'enseignant annonce qu'il va faire la lecture et que les élèves vont devoir se faire le film de l'histoire dans leur tête. Ils devront également dessiner ce qu'évoque à Tomek le parfum laissé par Pépigom et à la seconde lecture, remplir la fiche-personnage de Bastibal. -**Mise en commun**, afin de compléter et de corriger son dessin. -**Activité 3** : débat oral d'abord. Certains élèves seront d'accord avec Bastibal, d'autres penseront que quoiqu'il arrive, cela aurait fait plaisir au père que son fils soit maintenant Capitaine de bateau. -Seconde lecture. Avant d'écouter, les élèves lisent ce qu'ils doivent retrouver sur **la fiche-personnage**. Certains sont déjà capables de remplir certaines choses. Puis, ils prendront des notes en écoutant la lecture de l'enseignant. **Activité 1.** -**Mise en commun**, afin de compléter et de corriger ses notes. -**Activité 4 : production d'écrit court.** Anticiper la suite de l'histoire. Certains s'appuient sur le titre du chapitre suivant. Les productions seront lues à la classe par des élèves volontaires, pour être corrigées au niveau de la syntaxe (révision). L'enseignant corrigera/soulignera les erreurs orthographiques. -**Langage oral** : débat. Qu'auriez-vous fait ? Vous seriez parti avec les chaloupes ou vous auriez continué tous ensemble ? -**Prolongement** : compléter le dessin du voyage de Tomek avec cette traversée de l'océan jusqu'à l'arc-en-ciel. 13/ Chapitre 13. -Rappel de l'épisode précédent. -Première lecture. -L'enseignant annonce qu'il va lire l'épisode sur l'île inexistante. Il va falloir se faire le film dans sa tête, car après, il faudra dessiner cette île et la légender. Après la première lecture, **les élèves notent tout ce qu'ils ont retenu**. -**Mise en commun**, au tableau. Si des choses manquent, l'enseignant invite les élèves à relire certains passages du texte (le tapuscrit est dans le drive) afin de compléter la liste. -**Activité 1** : dessiner et légender en s'appuyant sur la liste au tableau, qui servira de grille de relecture. -**Questions orales** : que suppose-t-on des amours de Bastibal ? (il a rougi donc c'est qu'il est déjà tombé amoureux). Les marins ont-ils envie de repartir ? (apparemment non, car tout est fait pour y être heureux et y rester. Il y a de jolies femmes, des fruits juteux, du vin, des légumes frais, il fait chaud …) D'où l'île tient-elle son nom ? (on ne peut pas la trouver, elle est invisible). Pourquoi les femmes attirent-elles les bateaux ? (pour les hommes). -**Activité 2** : écouter la lecture **d'Ulysse et le chant des sirènes.** Chercher les similitudes et rédiger.	Lien de la vidéo sur le Triangle des Bermudes : https://tinyurl.com/4pesc9eh 12/ Roman -Fiche 13 -Corrigé dans le drive Travail sur le rappel de récit, les personnages, les informations essentielles, la production d'écrits, le langage oral. 13/ Roman -Fiche 14 -Corrigé dans le drive -Tapuscrit du chapitre Travail sur le rappel de récit, la prise de notes, les lieux, la description, les informations essentielles. Lien de la lecture des sirènes : https://tinyurl.com/45b5z6ps

TOMEK, LA RIVIÈRE À L'ENVERS, JEAN CLAUDE MOURLEVAT

	Etapes-clés du déroulement	Matériel, objectifs
Semaine 6	Chercher également les différences (les hommes meurent sur l'île, il y a des ossements et de la chair humaine). -**Prolongement** : compléter le dessin du voyage de Tomek. **14/ Chapitre 14.** -Rappel de l'épisode précédent. -Première lecture. L'enseignant annonce qu'il va faire la lecture et que les élèves vont devoir se faire le film de l'histoire dans leur tête. -**Questions orales au fur et à mesure de la lecture** : qu'arrive-t-il lorsqu'on essaie de partir de l'Île Inexistante ? (un arc-en-ciel noir fait sombrer les marins et les bateaux). Connaissez-vous d'autres sorcières effrayantes ? Lesquelles ? (celle d'Hansel et Gretel, celle de la rue Mouffetard, celle du Magicien d'Oz, Baba Yaga ...). En quoi se métamorphose la sorcière ? (en fillette qui chante). Comment l'auteur maintient-il la tension ? (il fait durer le temps en décrivant ce que pense et ressent Tomek, il fait rire la sorcière, il nous met le grincement de la balançoire dans les oreilles, il fait un décompte, parle de désespoir, de rage, de l'eau noire). -**Activité 2** : retrouver les mots qui montrent que Tomek est sur le point de déprimer à l'idée de rester sur l'île. Surligner sur les photocopies et recopier. Mise en commun. **Variante fiche 15bis** : production d'écrit court. -**Activité 3** : retrouver les synonymes des émotions (sentiments) dont parle l'auteur. Attention, il y a des intrus dont le sens se rapproche. -Seconde lecture. Avant d'écouter, les élèves lisent ce qu'ils doivent retrouver sur **la fiche-personnage**. Certains sont déjà capables de remplir des cases. Puis, ils prendront des notes en écoutant la lecture de l'enseignant. **Activité 1** (la fiche 15bis permet de laisser les élèves dessiner la sorcière en suivant sa description, à vous de choisir. L'activité 2 est une production d'écrit, aussi). -**Mise en commun**, afin de compléter et de corriger ses notes. -**Activité 4** : écouter la lecture ou le récit sur le Sphinx et chercher les points communs. Les recopier. -**Prolongement** : compléter le dessin du voyage de Tomek. **15/ Chapitre 15.** -Rappel de l'épisode précédent. -Première lecture. -L'enseignant annonce qu'il va lire l'épisode. Il va falloir se faire le film dans sa tête, car après, il faudra dessiner quelques animaux étranges et légender. Après la première lecture, **les élèves notent tout ce qu'ils ont retenu, puis ils dessinent (activité 2).** -Mise en commun, en montrant ses dessins à la classe. -**Activité 1** : écrire ce que peut penser Tomek avec cette grande tristesse, en quittant les marins. S'entraîner d'abord à l'oral, si besoin. Lecture des textes à la classe, par des élèves volontaires. -**Activité 3** : rédiger la carte d'identité de l'écureuil-fruit. S'entraîner d'abord à l'oral, si besoin. Bien remarquer que c'est le présent qui est utilisé. Définir habitat et comportement, si nécessaire. Lecture des textes à la classe, par des élèves volontaires. -Seconde lecture. -**Activité 4** : distribuer les photocopies (tapuscrit dans le drive, si besoin). Demander aux élèves de surligner les mots qui concernent les sens de l'ouïe et du goût, puis de recopier ces mots. -Mise en commun. -**Prolongement** : compléter le dessin du voyage de Tomek.	14/ Roman -Fiche 15 ou 15bis -Corrigé dans le drive -Photocopies des pages 137, 138 Travail sur les personnages, les informations essentielles, le lexique, le nourrissage culturel. Lien de la vidéo sur le Sphinx de Thèbes : https://tinyurl.com/2p96j5pc 15/ Roman -Fiche 16 -Corrigé dans le drive -Photocopies des pages 152 à 154 Travail sur les lieux, les personnages, les informations essentielles, le lexique, la production d'écrits.

TOMEK, LA RIVIÈRE À L'ENVERS, JEAN CLAUDE MOURLEVAT

	Etapes-clés du déroulement	Matériel, objectifs
Semaine 7	16/ Chapitres 16 et 17. -Première lecture : ch16. -L'enseignant va faire la lecture du chapitre 16 et les élèves vont devoir se faire le film de l'histoire dans leur tête. Cela leur permettra de se remémorer les différents épisodes depuis le début et de compléter la fiche d'Hannah. -**Rappel du récit depuis le début**. 5 élèves viennent raconter au tableau, accompagnés de 5 souffleurs pour les aider individuellement. Il ne faut pas trop parler au début pour en laisser un peu aux autres mais ne pas être trop concis, pour que les autres aient aussi des choses à raconter. Les élèves peuvent s'aider de leur dessin du voyage de Tomek. -**Questions orales** : que signifie « et voilà qu'à présent, en cette heure tant espérée, elle était avec un autre » ? (Tomek est jaloux, comme quelqu'un d'amoureux). Aimerais-tu avoir un animal de compagnie comme Podcol, pourquoi ? Quelle était la cause du cri poussé par Hannah dans la forêt de l'oubli ? -**Activité 1** : Mourlevat utilise énormément d'adjectifs pour décrire la moindre chose, ce qui nous permet d'imaginer les lieux, les objets, … Changer les adjectifs pour modifier l'atmosphère du récit, loin d'être paradisiaque. -**Compléter collectivement la fiche d'Hannah, son caractère**. -Seconde lecture : ch17. -Les élèves écoutent la lecture et doivent retrouver la ruse imaginée par Tomek pour retrouver le cours de la rivière. -**Activité 2** : rédiger les pensées. Rappel : 1e personne du singulier. -**Activité 3** : **débat oral** pour répondre aux questions et confronter les points de vue. Puis, **production** d'écrit : les élèves rédigent leur propre opinion. Les productions seront lues à la classe par des élèves volontaires, pour être corrigées au niveau de la syntaxe (révision). L'enseignant corrigera/soulignera les erreurs orthographiques. -**Questions orales** : pourquoi ne peut-on pas emporter l'eau ? (elle s'échappe des mains). Que découvre Hannah ? (elle arrive à garder une goutte, pour son oiseau). Mérite-t-elle cette eau ? (oui, elle a vécu beaucoup d'obstacles et d'aventures pour y arriver). Comment va-t-elle la rapporter ? (dans une bague qui s'ouvre, car la gourde serait trop grosse). Pourquoi Tomek n'en rapporte-t-il pas à Icham ? (car il n'a rien pour en rapporter, comme Hannah / à cause de ses réflexions philosophiques sur le fait de ne pas mourir). -**Prolongement** : compléter le dessin du voyage de Tomek. -Regarder la vidéo « comment construire un radeau » (on se demande d'ailleurs d'où il sort la hache pour scier les troncs). 17/ Chapitre 18 et épilogue. -Rappel du récit précédent. -Première lecture. -L'enseignant annonce qu'il va lire l'épisode. Il va falloir se faire le film dans sa tête, car après, il faudra retrouver à quoi correspondent les dessins. -Seconde lecture. -**Fiche 18, activité 1** : rédiger à quoi correspondent les dessins, en lien avec le chapitre 18. Les élèves peuvent avoir leur livre ou le tapuscrit entre leurs mains, pour relire autant que nécessaire les passages concernés. -**Mise en commun**. -**Langage oral** : 5 élèves viennent raconter l'épisode, aidés de leur fiche, accompagnés de 5 souffleurs pour les aider individuellement. -**Activité 2** : compléter ses impressions sur le roman. -**Fiche 19** : faire le point sur les personnages. Justifier, lors de la mise en commun, car plusieurs réponses sont possibles, si elles sont bien argumentées. -**Prolongement** : terminer le dessin du voyage de Tomek.	16/ Roman -Fiche 17 -Fiche 3 (Hannah) -Corrigé dans le drive Travail sur le rappel de récit, les informations essentielles, le lexique, la production d'écrits, le langage oral, le nourrissage culturel. Voir le corrigé pour avoir quelques idées Lien de la vidéo sur le radeau de bambous : https://tinyurl.com/5ytc4std 18/ Roman -Fiches 18 et 19 -Corrigé dans le drive -Tapuscrit du chapitre (drive) Travail sur le rappel de récit, les personnages, les informations essentielles, le langage oral.

The littérature 2, exploitations littéraires de romans et d'albums, cycle 3

Fiche 1 — TOMEK, LA RIVIÈRE À L'ENVERS, JEAN CLAUDE MOURLEVAT

Prénom : _____

Première et quatrième de couverture

1/ En observant les illustrations et le texte de la couverture et le prologue, relève des informations sur l'histoire.

LES PERSONNAGES
_____
_____
_____

LES LIEUX
_____
_____
_____

LA QUÊTE DU HÉROS
_____
_____
_____
_____

L'ÉPOQUE
_____
_____
_____

Quel est le genre littéraire de ce roman, selon toi ? Pourquoi ?
_____
_____
_____

Dessine ce qui anime ton imagination : la rivière qui coule à l'envers, la forêt de l'oubli ou l'île inexistante.

The littérature 2, exploitations littéraires de romans et d'albums, cycle 3

Fiche 2 — **TOMEK, LA RIVIÈRE À L'ENVERS**, JEAN CLAUDE MOURLEVAT

Chapitre 1

Prénom :

Tomek

Ce qu'il veut

Sa famille

Portrait physique

Ce qu'il fait

Caractère

Ce qu'il aime

Fiche 3 — TOMEK, LA RIVIÈRE À L'ENVERS, JEAN CLAUDE MOURLEVAT

Chapitre 1

Prénom : _____

Hannah

Sa famille

Ce qu'elle veut

portrait physique

Ce qu'elle fait

Caractère

Ce qu'elle aime

| Fiche 4 | **TOMEK, LA RIVIÈRE À L'ENVERS**, JEAN CLAUDE MOURLEVAT |

Prénom : _____

Chapitre 2

1/ Complète ce que l'on sait du personnage d'Icham.

Intérêt dans l'histoire

Sa famille

Grand-père Icham

Ce qu'il fait

Ce qu'il aime

2/ Dessine et légende le trajet de la rivière Qjar, en suivant sa description.

The littérature 2, exploitations littéraires de romans et d'albums, cycle 3

Fiche 5 — TOMEK, LA RIVIÈRE À L'ENVERS, JEAN CLAUDE MOURLEVAT

Prénom : _____

Chapitre 3

1/ Dessine et légende ce qu'emmène Tomek avec lui.

2/ Entoure chaque bloc de la lettre d'une couleur. Puis, donne un titre à chaque paragraphe.

Cher grand-père Icham,

Tu lis toujours les lettres des autres, mais celle-ci est pour toi et tu n'auras pas besoin de la lire à haute voix. Je sais que je vais te faire de la peine et je te demande de me pardonner. Je suis parti ce matin pour la rivière Qjar. Si j'y arrive, je te rapporterai de son eau. J'espère retrouver en chemin la jeune fille dont je t'ai parlé, puisqu'elle va là-bas elle aussi. Je te laisse la clé du magasin car là où je vais, je risquerais de la perdre. Je reviendrai le plus tôt possible.

A bientôt,

Tomek

3/ Rédige ce que pourrait répondre Icham.

Fiche 5bis — TOMEK, LA RIVIÈRE À L'ENVERS, JEAN CLAUDE MOURLEVAT

Prénom : _____

Chapitre 3

Découpe les étiquettes et colle-les dans l'ordre du récit.

Il écrit une lettre à grand-père Icham.	
Il dépose sa lettre à Icham.	
Il prend son petit déjeuner.	
Il retourne la pancarte de son épicerie et la met sur « fermée ».	
Il prépare les affaires qu'il veut emporter.	
Il écrit une lettre à grand-père Icham.	

Découpe les étiquettes et colle-les dans l'ordre du récit.

Il écrit une lettre à grand-père Icham.	
Il dépose sa lettre à Icham.	
Il prend son petit déjeuner.	
Il retourne la pancarte de son épicerie et la met sur « fermée ».	
Il prépare les affaires qu'il veut emporter.	
Il écrit une lettre à grand-père Icham.	

The littérature 2, exploitations littéraires de romans et d'albums, cycle 3

Fiche 6 — TOMEK, LA RIVIÈRE À L'ENVERS, JEAN CLAUDE MOURLEVAT

Prénom : _____

Chapitre 4

1/ Dessine Marie en suivant sa description.

2/ Explique ce qui est arrivé à Cadichon.

3/ Réponds aux questions seul(e), avant d'en parler avec le reste de la classe.

a) Pourquoi cette forêt s'appelle-t-elle la forêt de l'oubli ? _____

b) Pourquoi ne pas la contourner ? _____

c) Quel est l'autre danger de cette forêt ? _____

4/ Les 5 sens : relève tout ce qui concerne les 5 sens.

5/ Inférences : surligne ce qui prouve que Tomek a bien oublié Marie.

> Ce n'est qu'en sortant de sa cachette qu'il vit les restes d'un feu tout près de l'arbre. Il aurait pourtant juré qu'il n'y avait rien la veille quand il était arrivé là. Et personne n'était venu depuis. Voilà qui était bien étrange. Il roula la couverture sur ses épaules et fit quelques pas en direction de la forêt. Après tout, elle n'était peut-être pas aussi grande que cela. En partant tout de suite et en marchant d'un bon pas, il en serait sorti avant midi peut-être, au plus tard, avant la nuit. En cas de mauvaise rencontre, il avait son couteau à ours dans la poche. Avant d'entrer dans la forêt, il eut une dernière hésitation car il lui vint à l'esprit qu'il n'avait rien mangé au petit déjeuner et qu'il aurait sans doute besoin de toutes ses forces. Or, il constata avec surprise qu'il n'avait pas faim et qu'il se sentait même tout à fait rassasié. […]

The littérature 2, exploitations littéraires de romans et d'albums, cycle 3

| Fiche 7 | TOMEK, LA RIVIÈRE À L'ENVERS, JEAN CLAUDE MOURLEVAT |

Prénom : _____

Chapitre 5

1/ Dessine le plan de récit de l'histoire de Marie.

2/ Inférences : lis les passages du livre et réponds aux questions.

a) Qui Marie avait-elle trouvé ?

> Ainsi Tomek apprit-il que Marie avait l'habitude de dormir sous l'arbre isolé et que la veille, elle avait eu la surprise d'y trouver quelqu'un à sa place.

> Il lui sembla très confusément qu'il y avait autre chose mais cette chose était insaisissable. Il fit un effort pour la retrouver mais en vain.

b) Tomek a oublié la jeune fille. Qu'est-ce que cela signifie ?

The littérature 2, exploitations littéraires de romans et d'albums, cycle 3

Fiche 8a — TOMEK, LA RIVIÈRE À L'ENVERS, JEAN CLAUDE MOURLEVAT

Prénom : _____

Chapitre 6

1/ Ecris ce que l'on sait à propos des ours de la forêt de l'oubli.

2/ Inférence. Selon toi, la jeune fille a-t-elle été mangée par les ours ? Pourquoi ?

> Imaginer que la jeune fille au sucre d'orge ait supporté cela, elle aussi, qu'elle ait affronté toute seule ces effroyables ours, imaginer … […]
> -Tomek, je viens de réfléchir ! Il y a quelque chose à quoi nous n'avons pas pensé tous les deux
> …

3/ Relève les mots du champ lexical de la peur et classe-les dans cette fleur en fonction des 5 sens.

La peur

Autres

The littérature 2, exploitations littéraires de romans et d'albums, cycle 3

Fiche 8b — TOMEK, LA RIVIÈRE À L'ENVERS, JEAN CLAUDE MOURLEVAT

Prénom : _____

Chapitre 6

1/ Ecris ce que l'on sait à propos des ours de la forêt de l'oubli.

2/ Inférence. Selon toi, la jeune fille a-t-elle été mangée par les ours ? Pourquoi ?

> Imaginer que la jeune fille au sucre d'orge ait supporté cela, elle aussi, qu'elle ait affronté toute seule ces effroyables ours, imaginer... [...]
> -Tomek, je viens de réfléchir ! Il y a quelque chose à quoi nous n'avons pas pensé tous les deux
> ...

3/ « Tomek eut peur qu'il entende les battements de son cœur qui s'affolait dans sa poitrine ».
As-tu déjà eu une peur aussi terrible que celle de Tomek ? Raconte.

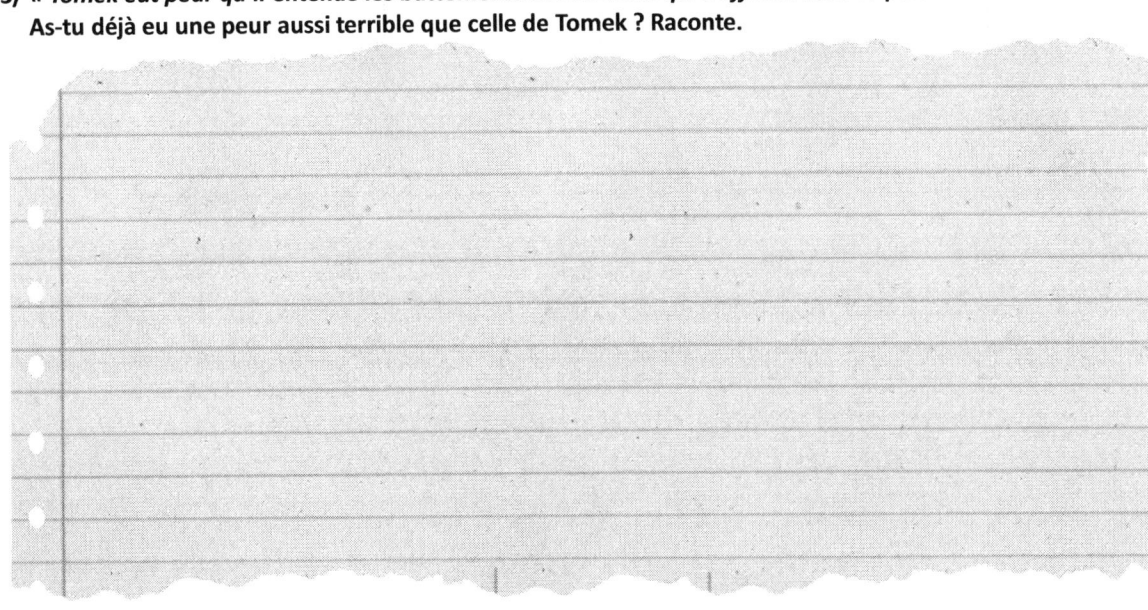

Fiche 9 — TOMEK, LA RIVIÈRE À L'ENVERS, Jean Claude Mourlevat

Prénom : _____

Chapitres 7 et 8

1/ Dessine le champ de fleurs tel qu'il est décrit (page 72).

2/ Voici un passage du livre Le Magicien d'Oz. Quels points communs vois-tu entre ces deux prairies ?

> **La prairie des pavots maléfiques.** Ils continuèrent leur route en admirant les jolies fleurs qui tapissaient le sol de toutes parts. Il y en avait des jaunes, des blanches, des bleues et des violettes, ainsi que des grosses touffes de pavots rouge vif, dont la couleur éblouissait les yeux de Dorothée. [...] Bientôt, ce ne fut plus qu'une immense prairie de pavots. Or, c'est bien connu, quand ces fleurs sont très nombreuses, leur parfum est si puissant qu'il suffit de le respirer pour s'endormir et que si on n'éloigne pas le dormeur au plus vite, il ne se réveillera plus jamais. Mais Dorothée ignorait cela. Ses paupières s'alourdir peu à peu et elle eut envie de s'asseoir et de dormir. [...]

3/ Inférences. Relève tout ce qui prouve que Tomek a des hallucinations.

4/ Inférence. Comment Hannah a-t-elle pu savoir que Tomek allait venir ?

5/ Rédige le contenu de la lettre laissée par Hannah.

The littérature 2, exploitations littéraires de romans et d'albums, cycle 3

Fiche 10 — TOMEK, LA RIVIÈRE À L'ENVERS, JEAN CLAUDE MOURLEVAT

Prénom : _____

Chapitre 9

1/ Relie les causes aux conséquences. Causes → Conséquences

Causes	Conséquences
Il y a beaucoup de dangers sur la route qui mène à la rivière Qjar.	Sa femme le quitta avec ses quatre fils.
Le père finit par acheter l'oiseau au marchand, mais il avait tout perdu.	Hannah résolut de la sauver.
Le père voulut faire plaisir à sa fille en achetant l'oiseau qui coûtait un prix considérable.	Il serait plus agréable de faire le voyage à deux.
Les couleurs de la passerine devenaient plus ternes, elle chantait moins, elle était brûlante de fièvre.	Il vendit tous ses biens et ses terres jusqu'à se retrouver ruiné.

-Ecris 2 phrases en associant les phrases de gauche à celles de droite, avec *c'est pourquoi, donc* ou *par conséquent*.

_____
_____
_____
_____

2) Découpe les étiquettes et colle-les dans l'ordre du récit. ✂

Pour finir de payer l'oiseau, son père est devenu homme-cheval et il est mort d'épuisement.	
Un jour, elle a voulu une passerine que le marchand a voulu lui vendre très cher. Il lui a fait croire que c'était une princesse qui avait vécu il y a plus de mille ans et qui avait été transformée en oiseau.	
Hannah s'est retrouvée élevée par de la famille lointaine et cette passerine est tout ce qui lui reste de son père. Elle est malade et elle veut la sauver.	
Le père d'Hannah a eu 4 fils mais elle était la prunelle de ses yeux.	
Pour lui acheter cet oiseau, son père a vendu tous ses biens et ses terres et il s'est retrouvé ruiné et sans femme, ni enfant, à part Hannah.	
Chaque année, il l'emmenait au marché aux oiseaux où elle pouvait choisir son préféré, et il le lui achetait.	

The littérature 2, exploitations littéraires de romans et d'albums, cycle 3

Fiche 11 — TOMEK, LA RIVIÈRE À L'ENVERS, JEAN CLAUDE MOURLEVAT

Prénom : _____

Chapitre 10

1/ Complète ce que l'on sait du personnage de Pépigom.

Son travail

Âge, description physique

Son caractère

Pépigom

Ce qu'elle aime

2/ Les 5 sens : relève tout ce qui concerne les 5 sens.

3/ A ton tour invente le nom d'un parfum. Décris ce qu'il te rappelle et ses notes, ses senteurs.

| Fiche 12 | TOMEK, LA RIVIÈRE À L'ENVERS, JEAN CLAUDE MOURLEVAT |

Prénom : _____

Chapitre 11

1/ Complète les obstacles et les aides que rencontre Tomek.

Obstacles	Aides

2/ Légende le bateau : écris tout ce qui est chargé à bord.

3/ D'après toi, quel souvenir Pépigom offre-t-elle à Tomek sous forme de parfum ?

4/ « La tristesse est impolie. Alors il prit la décision de penser davantage aux autres et un peu moins à lui-même ». Qu'en penses-tu ?

The littérature 2, exploitations littéraires de romans et d'albums, cycle 3

Fiche 13 — TOMEK, LA RIVIÈRE À L'ENVERS, JEAN CLAUDE MOURLEVAT

Prénom : _____

Chapitre 12

1/ Complète ce que l'on sait du personnage de Bastibal.

Qualités

Défauts

Intérêt dans l'histoire

Bastibal

Particularités

2/ Dessine ce qu'imagine Tomek en humant le parfum offert par Pépigom.

3/ « *A quarante ans, on ne saute pas d'un arbre en disant Bonjour papa, c'est moi …* ». Es-tu d'accord ?

4/ Que va-t-il arriver à l'équipage et à Tomek en passant sous l'arc-en-ciel, selon toi ?

The littérature 2, exploitations littéraires de romans et d'albums, cycle 3

Fiche 14 — TOMEK, LA RIVIÈRE À L'ENVERS, JEAN CLAUDE MOURLEVAT

Prénom :

Chapitre 13

1/ Dessine l'Île Inexistante et légende ton dessin, en utilisant ton livre.

2/ Quel obstacle attend encore Tomek ?

3/ Regarde l'épisode sur les sirènes. Note les points communs avec cette histoire.

Fiche 15 — TOMEK, LA RIVIÈRE À L'ENVERS, JEAN CLAUDE MOURLEVAT

Prénom : _____

Chapitre 14

1/ Complète ce que l'on sait du personnage de la sorcière.

Particularités

Symbolique

La sorcière

Description physique

2/ Quels mots montrent que Tomek déprime à l'idée de rester sur l'île ?

3/ Tomek a connu des émotions intenses, dont la terreur et l'émerveillement. Surligne en bleu les synonymes de *terreur* et en rouge les synonymes d'*émerveillement* (attention aux intrus).

- La peur
- L'enchantement
- La stupeur
- Le plaisir
- Le soulagement
- Le ravissement
- Le calme
- La paix
- L'angoisse
- L'horreur
- La frayeur

4/ Quels sont les points communs entre la sorcière et le Sphinx ?

The littérature 2, exploitations littéraires de romans et d'albums, cycle 3

Fiche 15bis — TOMEK, LA RIVIÈRE À L'ENVERS, JEAN CLAUDE MOURLEVAT

Prénom : _____

Chapitre 14

1/ Complète ce que l'on sait du personnage de la sorcière.

Particularités

Symbolique

La sorcière

Description physique

2/ A ton tour, rédige une devinette sur un lieu ou un personnage du roman, sans dire son nom.

3/ Tomek a connu des émotions intenses, dont la terreur et l'émerveillement. Surligne en bleu les synonymes de *terreur* et en rouge les synonymes d'*émerveillement* (attention aux intrus).

- La peur
- L'enchantement
- La stupeur
- Le plaisir
- Le soulagement
- Le ravissement
- Le calme
- La paix
- L'angoisse
- L'horreur
- La frayeur

4/ Quels sont les points communs entre la sorcière et le Sphinx ?

TOMEK, LA RIVIÈRE À L'ENVERS, JEAN CLAUDE MOURLEVAT

Fiche 16

Prénom : _____

Chapitre 15

1/ « *Tomek marcha le cœur triste* ». Ecris ce qu'il peut bien penser en quittant les marins.

2/ Dessine quelques animaux étranges qui vivent près de la rivière Qjar et légende tes dessins.

3/ Imagine la carte d'identité de l'écureuil-fruit.

Habitat

Nourriture

Comportement

Reproduction

4/ Les 5 sens : relève dans le texte les mots qui concernent l'ouïe et le goût.

The littérature 2, exploitations littéraires de romans et d'albums, cycle 3

Fiche 17 — TOMEK, LA RIVIÈRE À L'ENVERS, JEAN CLAUDE MOURLEVAT

Prénom : _____

Chapitres 16 et 17

1/ Entoure les adjectifs dans le texte suivant, puis change-les, en gardant du sens.

Il nagea sans peine jusqu'à un rocher plat de la rive. Là, il se déshabilla entièrement et mit ses vêtements à sécher sur la pierre tiède. Comme il n'avait plus rien à faire qu'à attendre, il plongea dans l'eau claire et nagea jusqu'à la cascade inversée. C'était un jeu fascinant.

Il nagea sans peine jusqu'à un rocher .... de la rive. Là, il se déshabilla entièrement et mit ses vêtements à sécher sur la pierre .... Comme il n'avait plus rien à faire qu'à attendre, il plongea dans l'eau .... et nagea jusqu'à la cascade .... C'était un jeu ....

2/ Ecris le stratagème imaginé par Tomek pour pousser Podcol à retrouver la rivière un peu plus loin.

3/ « N'est-ce pas justement parce que la vie s'achève un jour qu'elle nous est si précieuse ? Est-ce que l'idée de vivre éternellement n'est pas plus effrayante encore que celle de mourir ? Et si on ne meurt jamais, quand reverra-t-on ceux que l'on aime et qui sont déjà morts ? »

Et toi, boirais-tu de l'eau de la rivière Qjar pour ne jamais mourir ?

Fiche 18 — TOMEK, LA RIVIÈRE À L'ENVERS, JEAN CLAUDE MOURLEVAT

Prénom :

Chapitre 18

1/ Ecris un petit texte pour chaque image, afin de raconter le voyage de retour de Tomek et Hannah.

2/ Donne ton avis sur ce roman.

J'ai aimé

Je n'ai pas aimé

The littérature 2, exploitations littéraires de romans et d'albums, cycle 3

Fiche 19 — TOMEK, LA RIVIÈRE À L'ENVERS, JEAN CLAUDE MOURLEVAT

Prénom : _____

Les personnages de l'histoire

1/ Ecris le nom des personnages du roman :

_____

_____

2/ Avec ton camarade, dans cette cible, classez ces personnages selon leur ordre d'importance le personnage le plus important étant au centre de la cible *(dispositif inventé par Mme Leblanc, CPD Maîtrise de la langue, Nice).*

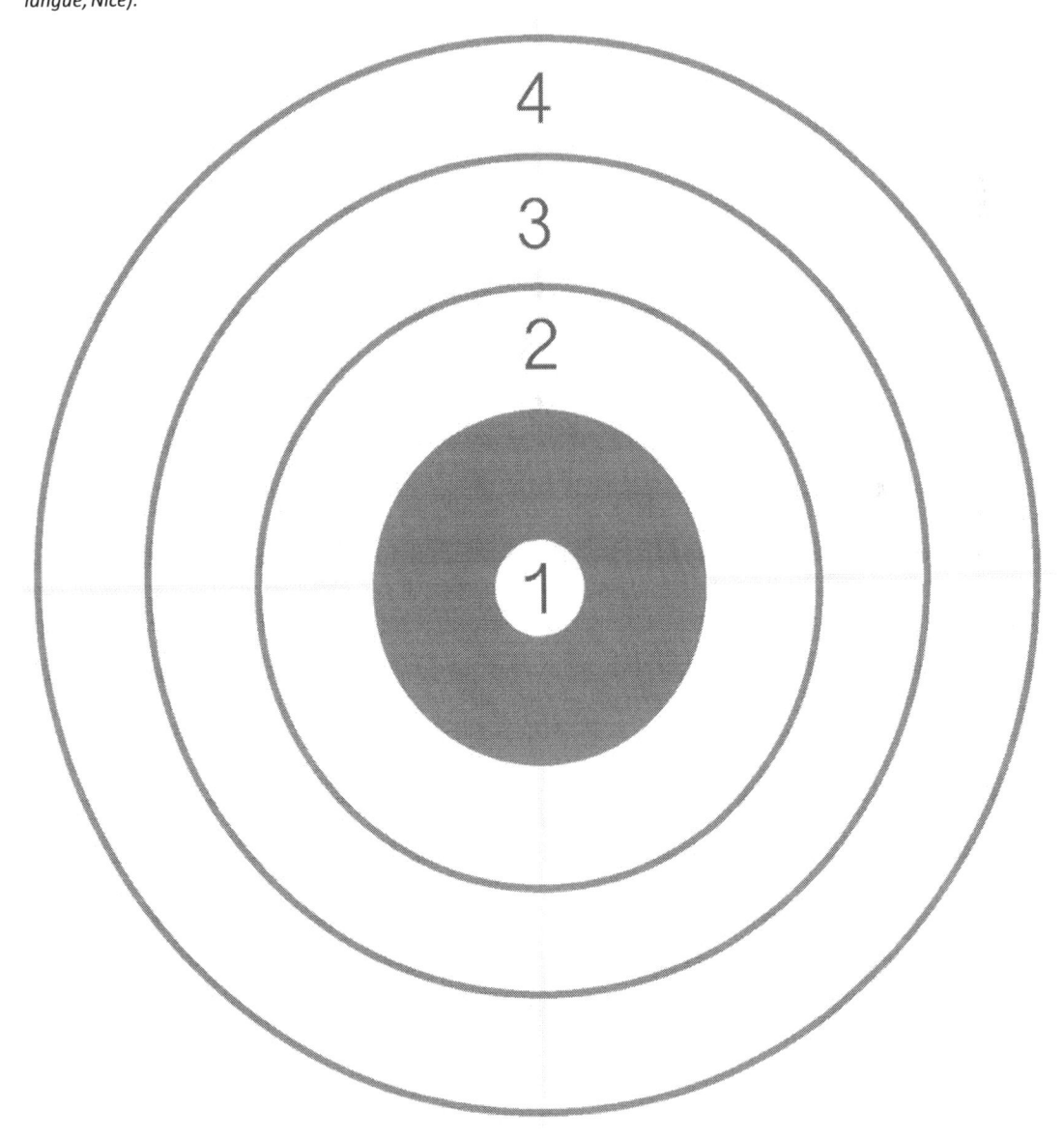

(cible avec cercles concentriques numérotés de 1 au centre à 4 à l'extérieur)

3/ Entoure en vert les personnages qui aident l'héroïne, en rouge ceux qui sont ses ennemis et en gris ceux qui sont neutres.

Contenu de l'ouvrage

Lien de la playlist

https://tinyurl.com/242xjjzb

Lien des corrigés et des documents supplémentaires

https://tinyurl.com/47n3y9bn

Sylvie Hanot est professeur des écoles maître-formateur (PEMF) et Conseillère Pédagogique, titulaire du Cafipemf généraliste et du Cafipemf spécialisé en langues vivantes étrangères. Elle anime les blogs *Storytelling2* et *Supermaitresse* sur le *webpedagogique*. Elle est aussi l'auteure de la série d'ouvrages *Enseigner l'anglais à partir d'albums* édités chez Retz. Elle publie régulièrement des articles dans le magazine *La Classe* et des ouvrages édités chez Amazon : *The méthode : apprendre l'anglais avec des chansons et des jeux 5-7 ans*, *The méthode 2 : apprendre l'anglais avec des chansons et des jeux 6-8 ans*, *The calcul mental CM1*, *Ecoute The cinema*, *The BD méthode d'anglais cycle 3* et *The cahier journal du professeur des écoles*, pour chaque zone.

Christine Hanot est illustratrice jeunesse et spécialiste de l'adolescence. Elle a enseigné l'anglais et le français dans un collège Montessori, dans le sud de la France. C'est une autodidacte passionnée de psychologie, d'éducation et de pédagogie qui est régulièrement active sur des projets de méthodes innovantes. Elle a étudié l'art à la faculté d'Aix-en-Provence ainsi qu'à Paris, et l'anglais dans le domaine de l'aérien et du tourisme. Elle a aussi intégralement illustré les ouvrages : *The méthode : apprendre l'anglais avec des chansons et des jeux 5-7 ans*, *The méthode 2 : apprendre l'anglais avec des chansons et des jeux 6-8 ans*, *The calcul mental CM1*, *Ecoute The cinema*, *The BD méthode d'anglais cycle 3* et *The cahier journal du professeur des écoles*, pour chaque zone.

Printed in France by Amazon
Brétigny-sur-Orge, FR

21050265R00109